Não sou feliz, mas tenho marido

Não sou feliz, mas tenho marido

Viviana Gómez Thorpe

Título original:
NO SERÉ FELIZ, PERO TENGO MARIDO

2006 © Viviana Gómez Thorpe
Editora Letraviva
ISBN 85-88348-08-X

Todos os direitos reservados.
Nenhuma parte deste livro poderá ser reproduzida,
sob qualquer forma, sem prévia autorização do editor.

Editor: *Bernardo Gurbanov*

Tradução: *Mónica Beatriz Mayer*

Capa: *Ricardo Assis*

Foto da capa: *istockphoto.com*

Produção: *Kleber Kohn*

Editoração: *ETCetera Editora de Livros e Revistas Ltda.*
Fone/fax: (011) 3368-5095
E-mail: etcetera@etceteraeditora.com.br
Internet: http://www.etceteraeditora.com.br

1.ª edição: maio de 2006
2.ª edição: dezembro de 2006
3.ª edição: abril de 2009

Dados Internacionais de Catalogação na Publicação (CIP)
(Câmara Brasileira do Livro, SP, Brasil)

Gómez Thorpe, Viviana
    Não sou feliz, mas tenho marido / Viviana Gómez Thorpe ; [tradução e adaptação Mónica Beatriz Mayer]. — São Paulo : Letraviva, 2006.

    Título original: No seré feliz, pero tengo marido.
    ISBN 85-88348-08-X

    1. Casais – Relacionamento 2. Casais – Relacionamento – Humor, sátira etc. 3. Literatura argentina 4. Mulheres – Humor, sátira etc. I. Mayer, Mónica Beatriz. II. Título.

05-9727   CDD–ar867

Índices para catálogo sistemático:
    1. Humorismo : Literatura argentina   ar867

Editora Letraviva
Av. Rebouças, 1986 – Tel/Fax: (11)3088-7992
CEP 05402-200 São Paulo SP Brasil
E-mail: letraviva@letraviva.com.br
Internet: www.letraviva.com.br

A meus filhos Anselmo e Luciano, que sempre foram e serão a inspiração e o motor da minha vida.

A meus pais, por terem me ensinado valores inapreciáveis.

A minha terapeuta, Rosa Kesler, que conseguiu fazer de mim uma pessoa quase normal.

A minha talentosa advogada Alicia Árbol, pelo que ela já sabe.

A meu editor, por ser o primeiro em dar a conhecer este texto a leitores de outra língua.

A toda a legião de amigos, amigas e parentes que me alentaram e empurraram para terminar este livro num momento convulsionado da minha vida.

A todos eles o meu imenso amor e agradecimento.

Ah! E, obviamente, a quem inspirou estas páginas...

Prefácio	12
Até que a morte os separe	16
Interrompemos este matrimônio para...	22
O futebol nosso de cada dia	26
A "outra"	30
Viver em obra	36
A "liberação telefônica"	42
O marido que "trabalha em casa"	46
Faça você mesmo	52
E hoje, o que vamos comer?	58
É conveniente ser auto-suficiente?	64
As aflições são nossas, a graninha não	70
A reforma trabalhista inclui consertos de roupa?	74
Problemas de alcova	80
Viver durante um mês igual a uma voluntária de um corpo de paz do Terceiro Mundo	84
Veranear com os sogros	90
Que educação sexual?	94
Qual é a parte mais insensível do pênis? O homem!	100
Por que os maridos não beijam na boca?	104
Eu quero à noite e ele quer de manhã	108
Odisséia conjugal no motel	112
Um encontro clandestino com o marido	118
A hipocondria masculina	122
Na saúde e na doença	126
Manual de etiqueta masculina	132
O marido, a dieta	138
Que pouco dura a festa!	144
A síndrome da ninfeta	150
O futuro do casamento	158
E viveram felizes e comeram perdizes	164
Epílogo	168

"Para nós o casamento é uma viagem
a um destino desconhecido... a descoberta
de que as pessoas devem compartilhar
não só o que não sabem um do outro,
mas também o que não sabem de si mesmas."

MICHAEL VENTURA

Prefácio

Como eu fiz para continuar casada durante tanto tempo? As pessoas me fazem essa pergunta. Eu mesma, às vezes, me faço. Poderiam dizer que eu sou daquelas que romanticamente apostaram tudo na instituição menos romântica do mundo. Mas, se tivessem me perguntado há, digamos, dez anos, quando já não restava romantismo nenhum nos meus dias (que dirá das minhas noites), se o meu casamento ia durar tanto, eu teria dito que não. E durou 27 anos. Posso imaginar o riso de gozação daqueles que dão crédito à teoria de um tal de *Larry Miller*: "Existem mulheres que, querendo se divorciar, continuam casadas porque se conformam com que pelo menos seu marido não se droga, não tem AIDS". Ou seja, as que "resistem" são necessariamente seres covardes, amélias, que não estão dispostas a correr risco nenhum na vida, a aceitar desafio nenhum. Mas posso lhes garantir que o matrimônio, como eu o vivi até agora, tem sido uma autêntica cruzada, com emoções violentas, glória, "mortos" e "feridos", entre outras coisas.

Não foi um desses casamentos com sobreviventes que continuam juntos por interesses econômicos, por medo da solidão ou simplesmente por inércia. O que se tentou construir foi um casamento "criativo". Duas pessoas totalmente incompatíveis (todo mundo é incompatível) procurando tirar das entranhas isso de aprender a ceder partes de si mesmos em função de um projeto comum. E muitas vezes chegou-se à beira da destruição, para voltar a construir tudo novamente. Tratou-se de algo dinâmico, que ia mudando junto com seus membros. No meu caso em particular, o fato de continuar casada não foi um resultado, uma conseqüência – como supõem aqueles que atribuem o sucesso de um casal a esse algo mágico e misterioso chamado "amor". Foi uma decisão que tentei renovar todo dia ao acordar, como faria com seus votos uma carmelita descalça. Foi, por assim dizer, uma vocação. E até me atreveria a afirmar que uma vocação de serviço, como a do bombeiro ou a da enfermeira. Sempre me senti atraída pelas causas perdidas e, talvez, como certa vez disse Indira Gandhi, "foi um grande privilégio ter vivido uma vida difícil". A de casada.

Como resultado dessas grandes aventuras e desventuras, nasceram durante anos todas as minhas crônicas e programas de rádio. E, finalmente, este livro.

Se alguma vez em todo esse tempo pensei em me divorciar do meu marido? Não. Mas pensei em matá-lo.

"Casar com um homem é como comprar uma coisa que você esteve admirando por muito tempo numa vitrine. Talvez a fascine, mas quando você leva essa coisa para casa, nem sempre ela combina com a decoração."

JEAN KERR

Até que a morte os separe

Teria sido uma festa de casamento maravilhosa, se não fosse a minha. Num dia quente de março de 1973, enquanto o meu sogro tocava violino, minha sogra, com a sua cara redonda e seu sorriso infantil, ia de um lado a outro – diligentemente – atendendo os convidados. O noivo não faltou ao encontro. E para mim era como se eu casasse com Kevin Kostner (a não ser pelo dinheiro, altura, beleza e fama, era igualzinho). O.B. (como irei chamá-lo de agora em diante, porque essas são suas iniciais e há vinte e sete anos está aderido à minha intimidade como um tampão) era um desconhecido. Tínhamos namorado apenas seis meses. As pessoas têm conversas mais longas com os garçons dos restaurantes sobre o prato do dia do que tínhamos eu e O.B. Não tínhamos carro nem casa própria, ele era separado e naquela época, no país, não existia o divórcio... e eu já estava grávida. Sem dúvida nenhuma, agora entendo por que o meu pai, na noite anterior e com cara de assassino, me perguntou: "Você tem certeza do que está fazendo?". "Mas papai", respondi, "O que você está me dizendo? Os presentes já estão aqui...". Os presentes eram todos da minha parte, porque da parte dele, que já tinha se casado uma vez e o casamento só durou sete meses, ninguém se arriscou a mandar nada. Não tinham muita fé. Inclusive um amigo, que não pôde comparecer, ligou prometendo que no próximo não deixaria de ir.

Certeza do que fazia, para dizer a verdade, ainda não tenho. Mas continuo unida a ele depois de 27 anos, por duas razões fundamentais: a primeira, curiosidade. Quero descobrir se o nosso caso é realmente sério. A segunda, não dar à mamãe a oportunidade de dizer a sua frase favorita: "Eu te avisei!".

Nada foi como eu tinha imaginado nos meus sonhos de adolescente: uma festa de luxo, que saísse nas revistas. Pelo contrário, lá estava eu, com um vestido da minha irmã (que me apertava por todos os lados porque já era impossível disfarçar meus três meses de gravidez), uma tia dele fotografando o evento com uma Xereta, e o meu cunhado sem camisa, cheirando a churrasco, o prato principal, além de pastéis e cerveja.

O que ia ser dos meus sonhos e da minha vocação? Quando deixei a escola, tinha grandes planos para mim: ia ser escritora, esperava um trabalho como redatora numa revista importante e, com sorte, algum dia chegaria a dirigi-la. Mas, no caminho, algo previsível aconteceu: conheci um homem. O destino de toda mulher, a sua tábua de salvação. O que traz de volta à realidade qualquer sonho de grandeza. Um lugar seguro onde se esconder do mundo e de suas espantosas responsabilidades. E fiz o que todas as que têm talento e aspirações fazem: engravidei para sufocá-las. Aos seis meses dei à luz meu primeiro filho e, um ano e meio depois, o segundo. Nós, mulheres, somos péssimas aventureiras. Sempre procuramos segurança máxima e vantagens ainda maiores, embora ao casar fazermos cara de "abandonar tudo por amor". A minha sorte, como a de milhões de senhoras, estava lançada... Que diabos acontecia comigo? Por que me sentia tão irrequieta? Eu amava esse homem. Éramos o casal perfeito. Tínhamos tudo em comum. Pelo menos, as coisas que verdadeiramente importam. Gostávamos de alho (quantos casais podem se gabar disso?). Sonhávamos em ter um filho cineasta e conseguimos. Meu filho caçula se formou em direção de cinema na Federal e hoje trabalha como instrutor de windsurfe. E o que mais? Ah, sim! Ambos éramos um casal moderno que estava de acordo em compartilhar tudo em 50%, *fifty-fifty*, e até hoje fazemos isso: eu cozinho e ele come, eu lavo e ele suja, eu passo e ele amassa... Milhares de casais começam a sua convivência com muito menos em comum.

Enquanto cortávamos o bolo de casamento, observei-o de lado e notei que tinha uma mancha de tinta no pescoço. O cheiro de terebintina não podia ser disfarçado nem com litros de Acqua Velva (a fragrância que tinha feito com que me apaixonasse por ele). Porque essa era a atividade que ele desenvolvia para se "realizar": pintor e desenhista. Era artista! Isso ia ter que mudar. Certamente poderia encontrar algum trabalho que, além disso, nos desse de comer. Por outro lado, eu não tinha a intenção de viver com alguém com quem fosse perigoso acender um fósforo. Definitivamente, o homem precisava de certas modificações: o corte de cabelo *à la* Rivelino, por exemplo. Mas eu tinha a vida toda pela frente para transformá-lo no marido que estava destinado a ser. Fiz uma lista mental e disse para mim mesma que em primeiro lugar era indispensável mudar seus hábitos alimentares. Ele vinha de uma família siciliana, que considerava o macarrão o primeiro na lista dos dez mandamentos (não matarás e não roubarás não eram tão importantes). Macarrão pela manhã, macarrão à tarde, macarrão à noite. Um pacote por comensal. Com 31 anos, O.B. era dono de uma barriguinha na qual, tranqüilamente, podia estender-se uma toalha de mesa, a louça e servir a comida diretamente ali. Eu vinha de uma família que adorava a comida natural, os cereais e os vegetais (elementos que ele considerava uma decoração nos grandes jantares, a natureza morta dos pratos, que depois se tirava para ingerir a "verdadeira" comida). Imaginem passar o resto da sua vida com um homem que admite o aipo com nozes numa salada Waldorf somente em momentos de emergência sexual. (Essa salada é considerada afrodisíaca!)

Seu melhor amigo, e companheiro de diversão, sumiu com ele na festa, para embebedá-lo. Eu sorri para dentro. Este personagem e o grupo completo de homenzinhos que passavam o dia inteiro com ele no bar, logo, logo fariam parte do passado. Não mais vida de solteiro, reuniões "de homens" até as tantas da madrugada e tudo isso. Daqui para a frente, seríamos só nós dois, um para o outro, contemplando o romântico pôr do sol e olho no olho durante horas... Parecia tão feliz e relaxado... Coitado! Não podia imaginar que muito em breve sua esposa lhe ensinaria as virtudes de abaixar a tampa do vaso sanitário depois de ir ao banheiro, de não deixar a toalha molhada em cima da cama e de não apoiar os pés na mesinha da sala, entre outras coisas.

A "recepção" foi na casa dos meus sogros. No *playground*. Cadeiras de plástico enfileiradas contra a parede davam ao lugar a mesma intimidade de uma rodoviária. De cada lado, os parentes e convidados de cada um examinavam-se mutuamente como duas tribos em pé de guerra. Matilhas de crianças que eu nunca tinha visto na vida corriam com restos de bolo nos cantos da boca e as minhas amigas me olhavam de uma maneira que na ocasião não soube interpretar, algo assim como "ainda bem que é com você e não comigo". Uma convidada aproximou-se para me perguntar onde iríamos passar a lua-de-mel. Eu respondi que eu queria ir a Paris, me hospedar no mesmo hotel em que hoje se hospeda um Miguel Falabella, assistir a todas as peças "off" de Montmartre e passear ao luar numa carruagem à beira do Sena. "Bem, mas aonde vão?", pressionou. "Vamos acampar em Ibitipoca", admiti. "A verdade é que você casou com um homem esplêndido", disse, com um sorriso irônico. Mas, pensando bem, o que eu poderia esperar de alguém que, ao lhe pedir que me comprasse um vestido de grávida, me disse: "Mas você está louca! Vai usá-lo somente por nove meses e depois jogá-lo fora?!".

Por volta das três da manhã notei que havia duas horas que não via O.B. em lugar nenhum. Encontrei-o na rua, com toda a sua corja de amigos safados, rindo e bebendo champanha, cerveja, sangria, gim, rum, tequila, cachaça, vodca, uísque e tudo o que tinham trazido para fazer a "festinha" deles, enquanto combinavam se encontrar no bar no mesmo dia que voltássemos da lua-de-mel.

O assunto ia ser mais difícil do que eu tinha pensado.

"Como saber se um marido está feliz?
Se tem um copo em uma das mãos
e o controle remoto na outra."

CINDY GARNER

Interrompemos este matrimônio para...

A verdade é que ela não era tão gostosa. Não sei o que viam nela de tão atraente. Era pequena, sem cor, mas sabia muito bem como fazer para que a audiência masculina virasse a cabeça. No dia em que o meu marido a trouxe para casa, instalou-a sobre a prancheta de desenho, de frente para a nossa cama, e sentou-se, olhando para ela embasbacado, eu soube num instante que o nosso casamento nunca mais voltaria a ser o mesmo.

A TV no casamento é como dormir a três. Para os homens, é a companheira perfeita. Se roncarem, ela não se importa. Se adormecerem no meio de uma conversa, a desgraçada continua falando sozinha sem se queixar. Se eles cismarem em tê-la como entretenimento no meio da noite, ela fica radiante. E se não a agüentarem mais, apertando um só botão ela fica calada. Além disso, com o tempo vai se formando entre ela e o seu marido uma relação mais possessiva que a de um filho único com a mãe: e nós sobramos sempre. Por isso, os últimos programas que vi na TV foram *Jeannie é um gênio*, o *Programa do Chacrinha* e *Escrava Isaura*, quando ainda era solteira. Qualquer um que entre em nosso quarto de casal, hoje, perceberá rapidamente como são as coisas: a televisão fica do lado dele, num ângulo de 45 graus voltado para ele e com o controle remoto na mesinha de cabeceira dele. Fiquei vesga e torcicolada tentando ver alguma coisa juntos. Acontece que a televisão é um autêntico ato onanista. Não é uma coisa que se compartilhe, não é algo que congrega. Faz-se em solidão, "zappeando" histericamente. Também, ele gosta de ver a vida das formigas no deserto, futebol, documentários sobre a guerra entre Estados Unidos e Iraque, boxe, o estado da Bolsa de Valores de Nova Iorque e dez vezes o mesmo filme de ação. Eu gostaria, pelo menos uma vez, de me deliciar com Gianecchini. Possibilidade que o espanta, por isso, imediatamente depois do jantar, ele corre para a cama para ganhar tempo e clicar à vontade. Quando eu entro no quarto, ele apaga a luz e faz de conta que está dormindo. Para que eu nem pense em ligar a TV. A da sala nem me atrevo a ligar. Meu filho caçula tem aparelhos estranhos conectados a ela: computador, videogame, *modem*, alto-falantes. A última vez que a toquei, saíram faíscas e ficou muda. Durante uma semana comemos arroz com ovo para que o pai não soubesse que usamos o dinheiro da casa para consertá-la. E ainda temos a televisão do meu filho mais velho. Mas não tenho coragem de entrar no quarto dele. Essa coisa de andar pulando entre pilhas de roupa suja misturadas com fotos de mulheres peladas fazendo "não sei o quê" com a boca, isso não é para mim. Além disso, ele tem a televisão ligada permanentemente ao vídeo, e a única coisa que lhe interessa do "apaixonante mundo das comunicações" são filmes com títulos como *A calcinha da Senhora Jones*, *Dedos artesanais* e um que talvez tenha a ver com zoologia, intitulado *A piranha voraz*.

Mas a esquizofrenia televisiva chega ao seu máximo expoente nos finais de semana. É aí que o homem se transforma em autista. Não faz a barba, não toma banho, não se penteia e não se veste. O meu usa o "figurino de feriado", que pode variar desde um shortinho desbotado e que usava aos vinte anos quando era salva-vidas de um clube (e que hoje em dia cabe numa só pata dele), ou um *jogging* com um buraco no traseiro que comprou na sua primeira viagem a Nova Iorque há trinta anos (e cabe na outra pata). A partir daí, perde a fala, a capacidade auditiva e só responde com sons onomatopéicos (hmmm, shhhh, uf, chist, grrr), hipnotizado pela janela dominadora chamada televisão. Nesses dias, como para não destoar, a gente também vai se transformando: em cozinheira, faxineira, babá, enfermeira, prisioneira... e "homencida". Especialmente quando ele pronuncia a única frase do dia: "O que tem pra comer?". Essa solidão existencial a dois é um tormento, pois o patrão, embora não nos dê a menor bola, não admite nem por um momento que nos afastemos do seu lado. Pretende que – como um cachorro esperando o osso – estejamos rondando pelas proximidades. "Faz um cafezinho?" E é aí que a gente se emociona e sai correndo, achando que é a oportunidade para trocar duas palavras.

Mas não. O dia em que eu pretendi isso, ele saiu com uma coisa assim: "Meu amor, tem paciência, eu te prometo que assim que as crianças se formarem e saírem de casa vamos ter mais tempo para nós". Preciso dizer que naquele momento o mais velho tinha só seis anos?

Nessa altura, você já está resignada e nem se atreve a perguntar: "Benhê, por que não saímos um pouco?". Já conhece a resposta: "Gooool!!!". Minha última tentativa de chamar a sua atenção (no século passado) consistiu em tirar o pó de um velho uniforme de guerra (esse tipo de roupa que, quando a gente veste, o mais provável é que qualquer cavalheiro pergunte: "Tá cobrando quanto?"): *body* preto com cinta-liga e saltos de 25 centímetros. A necessidade tem cara de herege, portanto passei batido por alguns detalhes sem importância: que estava seis quilos mais gorda, havia 21 dias que não me depilava e o "músculo do adeus" (aquele que, quando a gente faz tchau, treme embaixo do braço) tinha despertado o seguinte comentário entre os meus filhos: "Que foi, mamãe? Você pendurou os lençóis aí?". Anos sem ir à academia tinham me deixado como lembrança duas coisas brancas e inertes penduradas embaixo dos braços. Que luta! Ganhou mais uma vez essa temível adversária, a outra, aquela que mais o diverte. Olhou para mim durante meio segundo e disse: "Mas, fofa, eu já tenho o *Sexy hot* na TV". E ainda me chamou de fofa!

Finalmente decidi consultar um analista: "Doutor", eu disse, "Por que o meu marido fica tarado com a TV, assistindo a 60 canais ao mesmo tempo e nem olha pra mim?". "Muito simples, senhora. Seu marido é um reprimido. Pula de canal para canal, porque não tem coragem de pular de mulher para mulher, que é o que ele realmente gostaria." "E o futebol? Por que vive assistindo a jogos de futebol? Para mim, se um homem assiste a três jogos de futebol seguidos, deveria ser declarado legalmente morto." "Isso é simples. Ele encontra no futebol a canalização dos seus desejos homossexuais. Pense... Uma baliza com uma rede, um homem em pé na frente e outro que introduz a bola..." "Mas, doutor..." "E agora, me desculpe, passamos cinco minutos a mais da sessão e já vai começar um FLA-FLU."

"Os homens gostam de assistir a jogos de futebol porque adoram ver que são os outros que ficam cansados."

ANA VON REBEUR

O futebol nosso de cada dia

Enfim, por que negar. Muita mulher pira por esse tema. Muito psicanalista. Muito eletrochoque. As drogarias ficam abertas até mais tarde para garantir a provisão de Lexotan. Aumenta o número de suicídios femininos, porque estamos numa época do mundo muito especial. Uma época em que, não importa a que horas se ligue a televisão, haverá um jogo de futebol: Copa América, Sub 20, Copa Libertadores, Campeonato Brasileiro, Eurocopa, Copa dos Campeões... Mas não contestamos as centenas de jogos semanais que são transmitidos. O que contestamos são as centenas de maridos jogados numa poltrona como esponjas mortas, cercados de latas de cerveja vazias, pratos sujos e chinelos xexelentos... Porque, em temporada de futebol, os homens da casa vivem na frente da televisão.

Outro dia falei para o meu marido: "Quer o pinico?". É que ele não levanta nem para ir ao banheiro. O que ele respondeu? "Espera o intervalo." Não ouviu nenhuma palavra do que eu disse! Se isso continuar assim, haverá uma revolta social. Desconfio que veremos mulheres apedrejando com televisões a sede da CBF. Deus sabe que o homem não é uma daquelas espécies mais falantes. A minha estatística diz que o marido médio na sua casa não fala mais do que seis palavras por dia. O marido classe cinco (que consiste na maioria: de quinta) chega ao lar todas as noites com a mesma eloqüência de um funcionário do IBGE fazendo um censo. Estaciona o carro, fuça o forno para ver se há alguma coisa, troca de roupa, come num silêncio sinistro (eu chamo o meu marido de TESTEMUNHA HOSTIL), se retira ao comando da sintonia e fica ali, jogado como uma trouxa inerte com o controle remoto na mão até que os seus roncos nos indiquem que já é a nossa vez, que já podemos assistir à TV. Sim, para que esconder isto, na minha casa há turnos: o meu é das três às cinco da manhã. Por isso é que há muito tempo eu não sei o que está passando na TV. Quando as minhas amigas me perguntam:

"Você viu *Mais você* com a Ana Maria Braga, ontem?", eu respondo: "Claro que sim, todos os dias: – *Mas você* sempre me incomodando na hora do jogo!". Bom, afinal, para que serve o matrimônio se não para sofrer? Se eu consigo gozar, começo a me sentir culpada... porque sinto que é adultério...

Mas o mais desesperante disso tudo não é a frustração das milhares de esposas que gostariam de alguma vez poder conversar com alguém que não seja um cachorro. Vamos dizer, com alguém que faça mais do que latir. A maioria de nós aceita essas cenas solitárias como um *karma*, mas outras tentam enlouquecidamente lutar contra elas. Existe a mulher que pede desculpas ao marido porque as crianças "exorcizam" a vitamina de abacate. E ele, tirando por um minuto o olhar da telinha e olhando para ela, pergunta: "Você está me dizendo que essas crianças são todas nossas?". Para mim, o mais desolador e humilhante de tentar puxar conversa, é quando pergunto: "Como foi o teu dia hoje?" e ele responde: "Mais tarde". Chutando o cachorro. Ou, então, fica pálido e não consegue articular as palavras. Morde a gravata e me olha fixo, como se não tivesse entendido a pergunta. Isso demora uns segundos e depois vira a cabeça rapidamente e o olhar volta a fixar-se obsessivamente na telinha, como se fosse segurança de um banco e a sua obrigação fosse controlar o sistema de vídeo. Conheço só um homem que, durante um jogo Brasil-Argentina, foi capaz de simular uma resposta verbal concreta. E essa foi: "Cala essa boca, Maria". Mas existem mulheres que não se rendem. Vejam só:

Esposa: "Meu amor, você sabe o que tem para jantar? Faisão recheado de tâmaras marroquinas e cebolas caramelizadas e flambadas na hora".
Marido: "Almocei isso hoje". (Três palavras.)
Esposa: "Existe outro homem, Geraldo. Vamos conversar como pessoas civilizadas".
Marido: "Na hora dos comerciais". (Quatro palavras.)

Esposa: "Semana passada quebrei uma perna, Genésio. Estava esperando que você percebesse. Olha que legal como eu ando com muletas".
Marido: "Querida, aproveita que você está em pé e traz uma geladinha. Gooooollll!!!". (Doze palavras, provocadas por emoção violenta.)

Que inferno! Meu marido é capaz de sentar na frente da televisão sexta-feira e não levantar até domingo, gravando os jogos e vendo os *replays*. Fica em transe. Há pouco tempo eu lhe disse: "Esta senhora está aqui para comprar os rins dos nossos filhos, querido". Não mexeu nenhum músculo. Finalmente tomei a pressão dele. Tinha subido. Pelo gol, é claro. Posso surgir nua, de salto alto e com um cravo na boca e ele diz: "Aproveita para guardar o carro". "Assim?" "Não, sem o cravo."

Acho que está se formando um movimento feminino, o FINA FODA (Feministas Indignadas e Neuróticas Ante o Futebol Opressor Dessas Antas). Mas eu vou começar com a minha vingança agora. Esta noite, quando ele e os meus filhos estiverem jogados na frente da TV, botando comida na boca mecanicamente e gravando e rebobinando e passando quadro a quadro em câmera lenta cada jogada, eu vou colocar uma gororoba gelada na mesa e direi: "Qual é o nome deste prato? GOLS DA RODADA! Comemos isso na quarta, ontem, quinta, e hoje, sexta. Aqui está outra vez! Divirtam-se".

"Qual é a maior contradição de um marido?
Como é que não tem tempo suficiente
para pegar as meias sujas do chão,
mas tem tempo de sobra para lavar
e polir o carro dia sim, dia não."

CINDY GARNER

A "outra"

Nos finais de semana nós costumamos ir a nossa casinha de praia, em São João da Barra. A última vez não curti. Não pelo clima, mas porque o meu homem esteve o tempo todo com... A OUTRA. Os três dias! E eu olhando... Porque não deixava que eu participasse! Imaginam? A OUTRA = UMA QUATRO X QUATRO! Bom, o que é essa estranha obsessão que o sexo oposto tem com seu carro?! Durante três dias fui praticamente seqüestrada, sem poder sair de casa, porque ele tinha acabado de estrear uma dessas diabólicas caminhonetes quatro por quatro (que para comprar, você tem que vender um apartamento). De famosa marca inglesa. Cheia de detalhes. Só faltava apertar um botão para que aparecesse um "aeromoço" com cara de Hugh Grant para o que você precisasse. Tudo muito bonito, mas como normalmente as pessoas viajam com um carro só, eu "não tínhamos carro". E moro a 50 quarteirões do centro. Ele passou três dias lendo os manuais, estudando "a relação de alta e baixa com o peso do veículo pela sua altura e volume ao quadrado, sobre três". Lustrando o carro. E eu ali, seqüestrada...

Nunca tinha notado, mas os homens estão unidos ao seu carro por um cordão umbilical. É a relação mais possessiva, paternal e edipiana que podem ter. Mais do que com a gente. Às vezes eu digo a ele: "Pelo menos cuida de mim como você cuida do carro" (que mede o óleo a cada 5.000 quilômetros, mas a mim...). Mas ele está cada vez mais unido à "outra", a caminhonete. Ela manda nele. É algo assim como uma ex-esposa cara.

Bom, eu disse a ele (tive coragem de ir tão longe): "Olha, não quero te interromper, mas na geladeira não há nada. Tenho que sair e fazer as compras". Ele ficou pálido. "O que tem que comprar?! Eu vou!", disse. "Não, não, não. Eu é que tenho que ir para ver o que tem, e decidir. Me empresta o carro." Foi como se eu tivesse pedido emprestada a dentadura postiça para comer balas. "Eu te levo." "Não, quero ir sozinha. Você passou dois dias indo de lá pra cá, agora quero ir sozinha." "Não há outra maneira de você chegar até o supermercado?" "Sim", respondi, "poderia colar alpiste nos braços e esperar que as pombinhas se sintam atraídas e me levem voando." "Pega um táxi." "Não senhor." "Por quê? Se tenho uma supercaminhonete perfeitamente apta a transportar bolsas, compras, lenha, o cachorro..." Eu ia numerando, e as lágrimas dele iam caindo. Acontece que cada vez que compra um carro novo, ele pega SÍNDROME DE EXPOSIÇÃO: ele gosta de tê-lo ali, lustrado e intacto, sem usá-lo. Isso lhe dura um tempo. Digamos que mais ou menos até que o carro tenha rodado 150.000 quilômetros. Que é quando ele o passa para mim. Quando dá uma de grande homem e diz com alarde: "Sim... porque nós temos cada um o seu carro...". Me dá vontade de dizer a verdade: um carro e um "troncomóvel", aquele dos Flintstones.

O fato é que – reticente – me acompanhou até a porta do veículo: "Você tem a carteira? A chave de reserva? Testemunhas?". "Não quero me casar com o teu carro. Vou só ao supermercado", respondi. "Bom", ele disse, "vou te explicar: este carro é a *diesel*. Você tem que aquecê-lo muito, entendeu? Se não, não anda." "Ah! O oposto de você." "Bom, uma vez que você o aqueceu, vai saindo em marcha a ré, mas não pisa muito porque..." (eu já estava saindo). "Pára com a embreagem! Pára com a embreagem, que o cabo vai arrebentar!" "E como você quer que eu saia nessa descida? Quer que eu solte a embreagem e acabe catapultada contra a casa da frente?", eu respondi. (O que ele queria era encontrar um argumento para me dizer "não te empresto"). Quando eu já estava indo embora, ele deu a última flechada: "Não acelera muito que você chega". "Que não acelere e vou chegar? Aonde?" "Ao posto de gasolina. O tanque está vazio, mas acho que você chega, especialmente se pegar o atalho do supermercado." "Mas a agulha diz F, ou seja, FULL (que em inglês significa cheio)." "Nada a ver, neste carro F quer dizer "falta gasolina." "Ah, é? E então E, ou seja, EMPTY (que em inglês significa vazio), quer dizer o quê?" "ENCHEIADO!" Ele fazia qualquer coisa para que eu não tocasse o carro... Mas eu fui de qualquer maneira. E quando voltei, oh!, vocês não sabem. "Você não entrou na areia, né?" "Mas se é para entrar na areia! É para correr o Camel Trophy..." (Não por acaso meus filhos o chamam "Camel Atrophy") "Ah, não! Tenho que lavá-lo imediatamente, botar "gás-*oil*" no chassi e óleo queimado!" Que castigo! Agora, se eu disser que tem de trocar os amortecedores do meu carro, como há pouco tempo... (meu carro, que quando era dele, tratava-o igual a este que tem agora, mas agora que o "herdou" para mim, já não se importa mais que caia aos pedaços)... Então, sugeri: "Temos que trocar os amortecedores". "Para quê?" "Bom, não sei se você notou, mas a carroceria já toca o chão. Parece um arado. Vou abrindo um sulco quando passo. A companhia de seguros já não quer mais assegurá-lo. Mas me mandaram um *kit* de primeiros socorros. Você sabia que não é possível andar nesse carro na garagem sem cinto de segurança?" "Por quê?" "Porque as molas das poltronas te lançam contra o teto. A tampa do porta-luvas pula nos joelhos toda vez que você liga o motor; tenho o vidro traseiro cheio de adesivos para que o vidro não caia, o rádio liga com uma pinça e, além disso, estou farta de ter que agüentar um alcoólatra. Você não pode passar por um posto de gasolina sem lhe dar um gole."

Não pensem que estou exagerando, vocês sabem como eu chamo o meu carro? A vingança de Mussolini. Porque é um carro italiano que te faz pagar (esse de nome composto que termina em ROMEO). "Por que você não me compra um carro novo?", lhe perguntei uma vez que o trouxe para casa, sem um pára-choque nem o pára-brisa. "Você está maluca? Ainda é novo." (Sim, 589 quilômetros quadrados) "Não posso andar num carro com o qual não posso me comunicar", insisti (eu disse que é italiano e só entende ordens nessa língua, e eu lhe falo em italiano, mas ele não me obedece). Certo dia veio um caminhão da Companhia Municipal de Limpeza Urbana e eu lhe disse: "*Questo è un camione di lixo. Andiamo di quà! Uno, due, tre, fuora!*". E não se movimentou. Ficou ali até que o caminhão nos bateu. Tentei buzinar, mas só fez pi-pi, como um passarinho pedindo desculpas. O caminhoneiro, que parecia não saber que eu estava lá dentro, voltou em marcha a ré. E eu, recitando quanta palavra itálica conheço: "Catzo", "fettuccini", "Gina Lollobrigida", "Brigate Rosse", "Eros Ramazzotti". Até cantei duas vezes "Oh sole mio"! E foi ali que senti o segundo impacto. Isso sim me chateou, e muito. *"Sei um imbecile,* mais uma batida e vamos parecer uma montanha de *spaghetti alla puttanesca".* Foi aí que o caminhoneiro desceu surpreso e exclamou: "Ah, eu pensei que tinha passado por uma lombada!" Compreensível, se o carro, como não tem amortecedores, está tão baixinho que parece um *kart.*

Mas isso não é nada. Vocês adivinham o que o meu marido me disse semana passada? "Depois deste, vou comprar para mim um cupê esportivo conversível." Os psicólogos, que estudaram este problema, descobriram que os cupês esportivos equivalem a uma amante. São chamativos, impactantes, fazem saltar os olhos. Os homens olham, cobiçam, sonham um pouco com eles, os desejam, mas no final o sentido comum e o lado prático os fazem descer à terra, pensar nas crianças, e comprar um carro familiar. O carro familiar representa a esposa simbólica, a mulher simples e boa, futura mãe. Se eu pensar em todos os carros que o meu marido escolheu no passado, obviamente se identificava comigo (sou um carro familiar). Mas agora é óbvio que está entrando na crise da terceira idade. Porque, olhem, quem são os caras que dirigem esses MITSUBISHI ECLYPSE, esses HONDA PRELUDE, esses MAZDA MIATA? Todos velhos! Velhos que numa idade em que sentem dor em todos os ossos, escolhem entrar em posição fetal em féretros rolantes. Quando isso acontecer, certamente eu estarei dirigindo um carrinho de lixeiro. E isso me chateia. Essa desigualdade, e o fato de que os homens amem mais o seu carro que a sua mulher.

Se algum dia as fábricas chegarem a lançar um modelo que costure botões e ria das piadas estúpidas deles, estaremos ferradas.

"A vida se divide em dois:
o horrível e o infeliz."

WOODY ALLEN

Viver em obra

Talvez fiquem surpresos, mas vocês sabem quais são os dois motivos principais do divórcio? INFIDELIDADE e OBRA. E se a obra for a 200 quilômetros de distância, produz mais prejuízos no casal do que o bafo. Estou me referindo à construção da nossa casa em São João da Barra. Para o meu homem a idéia de construir significa, na realidade, viver *in situ* desde que se coloca o primeiro tijolo. Para qualquer mulher, isso significaria a possibilidade de passar meses sem falar. Eu, pessoalmente, depois de tudo o que suportei nessa façanha, um bom dia decidi não falar nunca mais com ele. As minhas últimas palavras foram: "Não cuspiria em você nem que você estivesse ardendo no fogo".

Mas durante as nossas brigas na obra, a palavra "divórcio" jamais foi mencionada. Tínhamos um terror mortífero de ficar com a custódia dessa casa, dessa edificação. Durante quase três anos a chamei *Chatô, o filme*. Não terminava nunca! A sinfonia inconclusa... Tudo começou como começam muitas coisas: um sonho feito realidade. Que rapidamente transformou-se num pesadelo do *Freddy Krueger*. Depois de ter passado um verão maravilhoso naquele lugar, o dia que a gente ia embora pensei: "Eu quero ter uma casa aqui". Sem perder tempo, disse isso para o meu marido, e foi uma das poucas coisas na vida em que concordamos. A sua resposta foi: "Bom. Peça para o teu pai comprar para você". Então usei dessa persuasão que nós, mulheres, temos e o convenci: ameacei denunciá-lo ao Imposto de Renda se não me comprasse um terreno naquela mesma hora. E ele chegou à conclusão que seria mais barato me satisfazer.

Foi assim que embarcamos na construção do nosso paraíso particular, que terminou no tempo previsto: um ano depois do que o arquiteto tinha dito. A questão é que chegou o verão em que a obra tinha de estar pronta (quer dizer, um ano antes que efetivamente acabasse) e o meu consorte não teve idéia melhor do que me levar para morar numa tapera com dez operários suados e sexualmente ativos nela. Amigos e familiares que tinham chegado antes da gente telefonaram para ele recomendando: "Você não pode trazer a sua família de férias nestas condições. Não venham por um tempo". "Quanto?", ele perguntou. "Bem... pelo menos uns dois anos." Era tarde demais, porque nesse dia nós já estávamos saindo com o caminhão da mudança para São João da Barra. "O que significa *nestas condições?*", olhei para ele desconfiada. "Nada. Que faltam algumas coisinhas, mas durante o verão a gente acaba... Se não fizermos assim, esta casa não se termina nunca."

Quando chegamos ao que eu supunha seria como a chegada de *Aléxis Carrington* em DINASTIA, quase desmaio. A única coisa que consegui me perguntar foi se poderia conseguir a anulação do casamento depois de vinte anos de casada. Não tinha nada e quando digo nada, é nada mesmo. Nem luz elétrica, nem água. A única fonte de água potável era um bidê que tinham colocado de urgência na cozinha. Fazíamos a nossa higiene lá, lavávamos os pratos lá (quer dizer, a empregada é que lavava, porque eu tinha levado "pessoal de serviço", para poder ter as minhas primeiras férias de categoria e... descansar). "Onde está o teu espírito de aventura?", me perguntou ao ver a minha intenção de sair correndo e não parar até chegar na casa da mamãe (que mora em Porto Alegre). "Acho que o perdi... imediatamente depois da lua-de-mel", lancei furiosa. Mas depois lembrei que fui eu quem quis ter uma casa de veraneio. E ele estava me dando esse prazer! "É um lindo projeto familiar", gaguejei, tentando que não notassem que iria chorar durante três meses, "podemos terminá-la todos juntos". Acho que nunca tinha dito nada tão ridículo desde aquela vez em que garanti aos meus filhos que, quando eles crescessem, nos agradeceriam por sermos tão rígidos. As crianças agiam como se as tivéssemos sentenciado à Febem. Não queriam nem ouvir falar desse plano. Sumiam o dia todo e só voltavam para jantar com cara de ofendidos, a esse lugar onde deviam dormir em beliches improvisados a 35 centímetros um do outro, como os defuntos aguardando seu próprio funeral no mar. A esse imóvel onde não podíamos receber visitas imprevistas sem antes tirar o pó das cadeiras, onde antes de comer tínhamos que revistar cuidadosamente os pratos, para não engolirmos uma lasquinha. E eu passando roupa sobre o capô do carro e, se o telefone tocasse enquanto dormíamos, eu era obrigada a andar sobre a cara do meu marido para atender. Graças a Deus andávamos bêbados o dia todo e não percebíamos (de tanto inalar vapores de tinta e aguarrás).

Portanto, ficamos nós dois, sozinhos, brigando por tudo. Se eu queria o lavabo revestido em papel, ele preferia pintado. Se me mandava comprar alguma coisa na loja de ferragens, depois fazia um escândalo. Como quando fiquei com vergonha de pedir uma tomada macho-fêmea e preferi dizer ao vendedor: "Me dê todas as classes de tomadas que tenha". Trouxe 26. Com fios de 15 metros, tomadas para 110 volts com transformador, adaptadores de três pontas, tomadas submergíveis, etc. "Mas você não tem cabeça! Assim acabaremos com o orçamento em 10 dias." "Quê?", retruquei chateada, "é melhor você fazer bem as contas, porque eu acho que o orçamento já acabou. Toda vez que se ouve uma martelada nesta casa (e são 300 por minuto) é como se ouvisse um taxímetro que anuncia: um real, um real".

Foi tudo assim, desde o primeiro dia, quando voltamos do terreno com uma viga que media duas vezes o nosso carro, apoiada sobre o teto. A tarefa dele era dirigir com a mão direita e segurá-la com a esquerda. A minha tarefa era viajar ajoelhada no banco de trás, com meio corpo fora, como um cachorro desarranjado, segurando o outro extremo. Mas como tudo passa, aquele momento também passou. E as coisas foram piorando. Finalmente instalaram o vaso sanitário e a banheira, embora para colocar ali bolsas de cimento e caixas de cerâmica... Ou algum pedreiro abria a porta. (Eu disse porta? Não! Ainda não tinha porta, só o pára-sol do carro cobrindo parte da entrada. Portanto, o mais seguro era fazer as necessidades no exterior. Depois de 20 dias, as dunas dos arredores continham suficiente "estrume" como para fertilizar o deserto da Etiópia.)

Isso de morar como refugiados de Kosovo começou a deixar sinais: tínhamos deixado de realizar todas as atividades que compunham a nossa rotina: rir, comer, dormir... Especialmente dormir. Porque tínhamos três operários que entravam na casa às seis da manhã: Didi, Mussum e Zacarias. Os únicos que tinham ficado depois da fuga do nosso arquiteto. Ele decidiu se refugiar em algum país da cortina de ferro no dia em que eu telefonei desesperada para lhe informar que toda vez que ligava a torradeira, abria-se o portão automático da garagem. Que os tubos de gás estavam conectados à mangueira de irrigação do jardim, pelo que – nesse momento – estava fritando grama, que a parede se transformava numa espécie de aquecedor se ligássemos a luz do *hall*, que o lavabo se negava totalmente a admitir papel higiênico, que metade do nosso caminho de acesso à garagem estava situada na propriedade vizinha, e que tínhamos decidido pendurar na porta de entrada um aviso que advertia: "Fora de serviço. Utilize a casa ao lado". A fuga do arquiteto provocou o êxodo de toda a sua "equipe de profissionais". O bombeiro tinha voltado para acabar o ensino fundamental, levando como "lembrança" 30 metros de canos destinados aos banheiros. Quando o localizamos, explicou que, na verdade, era só um trabalho temporário de verão, como para poupar o suficiente para comprar um *Walkman*. Nosso carpinteiro tinha sido encontrado vivendo com um nome falso em Tacuarembó, Uruguai. O pedreiro estava começando a estudar as leis contratuais para enfrentar sete processos por fraude que o aguardavam.

Nossos filhos reclamavam: "Você e o papai não fazem outra coisa a não ser arrancar os olhos um do outro desde que começou tudo isso. Não podem comprar uma casa pronta, como pessoas normais, e deixar de...". "Pensem", respondeu o pai, "algum dia tudo isso será de vocês". Fizeram uma cara como se tivéssemos lhes oferecido tomar conta do INSS. Embora, para dizer a verdade, a casa proporcionou algo muito significativo ao nosso matrimônio: descobrimos que éramos *totalmente incompatíveis*. Meu marido e eu nunca conseguimos fazer nada juntos nesse lar diabólico. Se eu quisesse pendurar um quadro, até ele trazer a furadeira, pregos, tachas, parafusos e tal, eu já tinha alcançado a menopausa. Já nem diálogo tínhamos. As nossas conversas eram do tipo: "Você comprou os parafusos?", "Me dá o serrote". "Não, não podemos ir à praia porque está vindo o eletricista". Um dia passaram uns amigos (a única vez que confraternizamos com outro ser humano que não pertencia ao grêmio da construção) e ironizaram: "Não se queixem, esta obra de arte acrescentará 20 anos em vossas vidas". "Já me acrescentou", elevei a voz. Tenho quarenta anos e pareço ter sessenta!

"Sou a mulher mais liberal do mundo.
Qualquer mulher pode liberar-se se o desejar.
Primeiro tem que convencer o marido."

MARTHA MITCHELL

A "liberação telefônica"

Ouviram falar disso alguma vez? Claro que não! É um movimento novo, criado por mim. Como sempre, relacionado aos maridos. Ninguém ignora que há muitos maridos, mas a maioria de nós conhece um único tipo: O INÚTIL. Todos nascemos inúteis e dependentes, não é? Mas supõe-se que, com o passar do tempo – vamos dizer uns quarenta anos? –, aprendemos a tomar conta de nós mesmos. O que muitas mulheres não sabem é que os maridos, mesmo tendo alcançado a maturidade, em certo momento fazem uma regressão: a partir do dia do casamento. Transformam-se em algo parecido com um feto. Como qualquer ignorante que habite esta terra sabe, o feto está unido à mãe através do cordão umbilical. Bem, eles estão unidos à vida pelo cordão telefônico. Sim, à vida. É tudo assim: "TRIIIIIM". "Alô, vida, o que você está fazendo?", telefonam à mulherzinha. Telefonam a toda hora para perguntar coisas de vida ou morte que precisam de respostas imediatas: "Querida, vê se esqueci o lenço em cima da mesa da cozinha". "Você se importa se eu levanto a calcinha? Por uma questão de estética, viu?" "Não! O lenço, o lenço!" E lá vai a mulherzinha pela casa inteira com a calcinha no chão (porque estava no banheiro). É que para ele era urgente saber se tinha esquecido o lenço. Nem falar daquele que telefona só para ter certeza que a gente está aí. "Oi, o que você está fazendo? Tem saudades de mim? Com quem você estava falando?" E a gente respondendo pacientemente, pendurada no lustre (porque estava limpando os bronzes). Tal é o meu caso. Para mim, o telefone se transformou num instrumento do demônio. Não só por parte dos meus filhos, que consideram que o meu único direito sobre ele é pagar a conta, mas também do meu bebê (marido). Imaginem o que é admitir que nunca na vida se terá o privilégio de ter cinco minutos para depilar as pernas sem que ele telefone de onde estiver. Do seu telefone celular, do seu telefone do escritório ou da pior invenção tecnológica dos últimos tempos: O TELEFONE AÉREO. A minha cara metade, quando viaja, não me permite ter saudades dele. Telefona a cada meia hora. "Para fazer contato", como ele diz. E enquanto a minha produtividade cai uns 40% (porque ninguém consegue fazer nada se é interrompido permanentemente), a dele sobe uns 80%, pois, por telefone, ele me "teledirige" e ordena (sou seu *office boy*) que eu faça as suas coisas, no lugar das minhas. E nos últimos anos, com a aparição do celular, não existe um lugar na Terra onde a gente possa se esconder sem que nos localizem para nos atormentar com suas perguntas cheias de pânico: "Vivi, por favor, acabei de lembrar que há três meses deixei meu casaco italiano na tinturaria. Vê se você encontra a notinha em algum bolso. Eu espero", fala tão ofegante, que parece um telefonema obsceno. Depois de revirar a casa sem encontrar nada, sabem o que eu fiz nesse dia? Tomei dois uísques para criar coragem e fui à tinturaria, fazendo uma proposta "que eles não poderiam recusar" se me encontrassem o condenado casaco. Melhor não me perguntarem qual.

    Ou, de repente, telefona dentro do carro, porque está "um pouquinho excitado", justo quando a gente está dando o banho no cachorro. "Amor, o que você está vestindo neste momento?" "Um blusão e um avental com uma mancha úmida na barriga..." "Tira a roupa, tira a roupa já!" Quando ele faz isso, eu o lembro que hoje em dia é conveniente praticar SEXO SEGURO. E não seria seguro ter esse tipo de conversa a 80 quilômetros por hora, porque é imprescindível ter ambas as mãos firmemente no volante.

    Ou justo quando a lavadora está na função "DUPLO CENTRIFUGADO TRITURANTE", ele telefona para informar que esqueceu um cheque de 5 mil dólares no bolso da camisa. Alguma vez viram uma mulher com o braço centrifugado? Não é bonito. Quando meu filho me viu flamejando com a mão presa na lavadora, pegou o telefone e disse para o pai: "Pai, mamãe não pode atendê-lo porque está levitando. Parece que está lendo de novo o Sai Baba".

    Há muito tempo renunciei às telenovelas. A última foi *Roque Santeiro*. Para que, se depois de seguir uma história complicadíssima todos os dias durante uma eternidade, este homem telefona justo quando vai ser descoberta a verdadeira identidade do lobisomem. Por isso eu não tenho, e não terei jamais, um telefone celular. Jamais sairá da minha memória o dia que ele ficou em casa e me mandou ao supermercado com um *handy*. Estava lá, no meio das prateleiras, enquanto as pessoas me olhavam esquisito... E... também! "Me copia? Me copia? Quero fazer umas massinhas e não estou encontrando o azeite de oliva."

Este tipo de homem é aquele que telefona quando você está entrando na sala de parto para perguntar por que a lavadora está regurgitando espuma, se ele só colocou meia caixa de OMO. Ou justo quando você está no salão, explicando ao cabeleireiro que "você só quer cortar as pontas duplas", desesperado porque não encontra o controle remoto e não sabe com que botão se desliga a TV (quando você acabou de falar, o cabeleireiro a deixou com o corte do Ronaldo). Ironicamente, este é o mesmo rapaz que não sabe como atender um telefonema. Mas é um especialista em nos assessorar sobre o que temos que dizer. Ele vai dizendo: "Pergunta tal coisa...", "Fala que eu não posso". E o telefonema é para ele! Mas se você estiver por perto, a usa como secretária. Enfim, se um dia por acaso lêem no jornal: "Mulher com as faculdades mentais alteradas se enforca com o fio do telefone", essa sou eu.

"Cuidado com o homem que louva a liberação feminina; está prestes a se demitir do emprego."

ERICA JONG

O marido que "trabalha em casa"

Acho que a qualquer momento vou me exilar em algum lugar onde ninguém me conheça. Estava pensando que talvez poderia ser na prisão de mulheres em Tavalera Bruce... Se bem que é verdade que um dos problemas mais temíveis hoje em dia é o desemprego. Eu estou sofrendo a outra cara da moeda, que é quando o marido, depois de ter demitido um a um todos os seus empregados, finalmente se demite a si mesmo, e fecha a empresa. Provavelmente esta malária que nos aflige acabe também com a sua pequena companhia. Mas ele, que é um homem precavido, decidiu se preparar: há meses que está lendo todos os livros de *Peter Drucker, Lee Iacocca* e todos os monstros do *management* internacional e, finalmente, decidiu reestruturar o seu negócio para poder sobreviver. Há um mês ele anunciou: "Amor, tenho uma surpresa para você. Não é você que sempre diz que estou casado com o escritório e que você nunca vê um fio do meu cabelo? Pois bem, fique feliz. Decidi me reduzir e desde a próxima segunda-feira, vou trabalhar em casa".

Meia hora depois, voltei a mim e toda a minha família estava me abanando. Tinha feito PLOP!, como nos quadrinhos. Conseguem compreender o que isso significa? O BEIJO DA MORTE! Ter um marido que trabalhe em casa! É a melhor maneira de ter certeza que a gente nunca vai ficar sozinha, nem por um segundo, pelo resto da vida. Há quase um mês estamos assim. Encheu a casa com computadores. (Porque ele copia a gerência empresarial japonesa. Como se sabe, muitas empresas japonesas, para poupar tempo e custos com distâncias, estão instalando os seus funcionários nas suas casas, intercomunicados com a central através de uma rede.) Bem, ele atualmente dirige o que sobrou da sua "corporação", assim, de casa. Adivinharão, meus prezados, como tenho me esforçado para convencê-lo que não é prático, nem conveniente. Tentei seduzi-lo, lembrando que lá o espera a sua jovem secretária Lola, de peitos enormes, a mesma que usa minissaia da largura de um cinto. Mas não tem jeito. Ele diz que cansou, especialmente dos funcionários. "Estou farto da causa operária." "E qual é a causa operária?", pergunto eu, que não entendo nada dessas coisas, porque sou dona de casa (ou melhor, desde que ele se instalou no lar em período integral, escrava de casa). "A causa operária? 'JÁ SÃO CINCO HORAS DA TARDE.'" "Mas pensa no Gutierrez, o teu gerente, é boa pessoa..." "Gutierrez, Gutierrez... também estou farto dele. Todos os dias ele me diz: 'Já sei que sempre chego atrasado, mas compenso indo embora cedo'". "Mas meu amor, pensa na Margarida, a senhora do arquivo. Ela é um amor." "Sim, um amor; um amor. Outro dia estava falando ao telefone com uma xícara de café na mão e ouço o que ela diz: 'Olha, Graziela, agora estou no horário do almoço, te ligo depois no horário de trabalho'. E a nova! Aquela que contratei há uma semana. No dia em que começou, abriu a boca e disse: 'Oh, uma máquina de escrever com uma tela de TV. Posso ver *MTV*?'." "As pessoas pretendem que a gente pague salários para não fazer nada. Estão todos loucos. 'Trabalhei seis horas', dizem, 'tenho direito a uma semana de férias'." "Bom, querido, tem que ser solidário, há muita gente desempregada", suavizei. "Sim, como aquele que veio chorando há uns dias: 'Preciso desse emprego, por favor, não tenho conseguido nada desde que processei o meu último chefe'..." "Compreende... As pessoas estão desesperadas". "Sim, desesperadas porque acaba o oba oba, a galinha dos ovos de ouro. Você sabe o que o Gutierrez me disse ontem? 'Telefonou um cara enquanto o senhor não estava. Disse que era urgente'. "Quem era?" "Ah, não sei." "Mas depois querem ganhar, e querem o décimo terceiro salário e férias. Isso acabou. Eu não trabalho mais para sustentar preguiçosos." "Shh", fiz ele se calar, com medo, "e se os telefones estiverem grampeados e nos ouve o ministro da Fazenda..."

Conclusão: há quase trinta dias estou tentando me adaptar a algumas novidades: o LOOK do profissional de casa. Ou seja, "sacrifiquemos o CHIC por todo o conforto possível". Ou seja: barba de uma semana, chinelos com meias, um moletom desbotado de água sanitária, que encolheu e deixa ver o umbigo, e um jogging cortado nos joelhos que permite ver a *realidade*, o sinal inequívoco de um homem que dedicou trinta anos da sua vida a levantar uma empresa: pernas como tubulação de plástico (brancas e sem pêlos). Ah! E o detalhe mais atraente: bafo suficientemente tóxico para matar pequenos roedores.

Mas ele, entusiasmadíssimo. Como criança com um novo brinquedo. "Você vai ver, garota, como vai melhorar a nossa qualidade de vida, os costumes familiares. Acabaram-se os cafés da manhã em pé, cada um numa hora diferente. Por exemplo, a partir de amanhã vou dedicar um tempo para um bom desjejum tipo americano, com ovos, salsicha, torradas, suco." Acordei meia hora depois, a empregada me abanando. Tinha desmaiado outra vez... Mas depois me acostumei. Realmente, todos os dias, das oito às onze, melhoramos a nossa qualidade de vida: eu em pé na frente do fogão e ele sentado à mesa dizendo "Isso é vida! Faz outras torradinhas?". E no final, pareço com ele. Logicamente, a gente vai mimetizando. Perambulo o dia todo de avental, com presilhas na cabeça e escovo os dentes quando tenho tempo: a cada dois dias.

Um marido em casa é trabalho extra. Mas como o que eu tenho trabalha com esses computadores, anda o dia todo atrás de mim, supervisionando o que eu faço. "Você precisa de um pouco de organização. Olha estes condimentos! Vamos ordená-los computadorizadamente. Vamos ver, vai me dando: "MANJERICÃO, MANJERONA, MOSTARDA..." E eu acrescento – para mim mesma: "MERDA" –, mas continuo mansamente e digo: "PÁPRICA, PIMENTA-DO-REINO, PORRA" (esse último também para mim mesma).

Além disso, passo o dia arrumando as camas. É que um sujeito que trabalha em casa precisa de momentos de repouso, de ócio criativo. Assim, vai de uma cama à outra, enchendo o colchão de migalhas e outras porcarias e não me deixando limpar. "Fala para a faxineira ir embora antes." Ele não gosta que haja pessoas circulando pela casa e pedindo para ele sair dos lugares onde é feita a higiene diária. Mas também não gosta de sujeira. Aí me enlouquece. Estarei louca já? Não sei, me pergunto isso porque ontem percebi que estava dando voltas em círculo no estacionamento, só para respirar um pouco de ar. "Agora vamos viver mais relaxados", me garantia. Na verdade, estou tão relaxada como uma porta giratória.

Poxa, espero que isso não dure muito, que seja só uma fase e que meu marido volte a contratar toda essa gente boa que demitiu, porque a verdade é que o desemprego não faz bem a ninguém. Especialmente à esposa do patrão.

"Quantos maridos são necessários para trocar uma lâmpada? Um. Para segurar a lâmpada e esperar que o mundo gire ao redor dele."

SUSAN SAVANNAH

Faça você mesmo

"Mal com ele, pior sem ele"... Com certeza já vocês viram esses maridos preguiçosos que, de tanto não fazer nada e estarem jogados num sofá, desenvolvem mais placa bacteriana nas artérias do que nos dentes. Que, quando a gente sacode os móveis, também tem que sacudi-los porque eles já fazem parte da decoração (sempre ali, no sofá, com o controle remoto como uma extensão da mão e as patas em cima da mesinha de centro), que não pregam nem um prego e deixam que tudo caia. Bem, eu não gosto deles. Jamais agüentaria um verme tão incompetente assim, que entre um e outro arroto de cerveja pergunta: "Benhê, onde estão os meus sapatos?". Se o meu marido me perguntar isso, responderei: "E onde estão os meus?". Mas assim como é uma desgraça ter um "inválido" do lado, tomara que você não pegue um marido do tipo "faça você mesmo". Daqueles que acham que não existe nada na casa que não possam consertar por conta própria. A mim, o "Senhor" abençoou com um desses. Por isso, quando no meu lar há algum probleminha de manutenção – como se fosse uma doença terminal –, tentamos ocultá-lo o tempo que for possível. Acontece que desde o momento em que ele descobre o problema, ele passa a ser *um homem com uma missão*: DESTRUIR TUDO. E não pára até cumpri-la. "Sou o 'porquinho Prático'", diz. E surge transformado em sua nova personalidade: o irmão retardado de MacGyver. Vestido com um macacão e um cinto de couro repleto das últimas e mais sofisticadas ferramentas do mercado, ao redor da cintura. Uma visão apavorante!

Para este homem é preferível causar uma catástrofe massiva do que pagar um único centavo a algum técnico, seja bombeiro, eletricista, marceneiro... Percebi quando já era tarde demais: duas semanas depois de me casar. Ele voltou para casa, contentíssimo, trazendo embaixo do braço duas caixas de cigarros. Correu para se trancar no porão, pregou as duas juntas, pintou-as de verde escuro e anunciou:

"Aqui está a nossa nova caixa de correio". Outro dia disse: "Vou racionalizar os guarda-roupas para ter mais espaço. Você vai ver, o espaço se duplicará". É verdade. Agora, para pendurar uma roupa, tenho que subir num banquinho, porque o cabideiro está colado ao teto do guarda-roupa. Ele afirma que, seguramente, a experiência indica que nessas estantes de cima nunca se guarda nada. Então, atualmente, as estantes estão embaixo e o cabideiro em cima... Depois teve a idéia de fazer um estrado de madeira para apoiar a lixeira. E o construiu tão alto que, para catapultar o lixo, tivemos antes que treinar basquete e esperar o melhor. Também teve a sua *fase de alvenaria*. Tudo tinha que ser pregado, encaixotado, emoldurado. Inclusive os canteiros. Cercou-os com uma fileira de tijolos, porque se não – ele diz – a terra se desmorona... Encaixotou em cimento a TV, a geladeira, o som, a lavadora, os artigos de limpeza. Uma manhã, ainda sonolenta, eu me levantei e, quando estiquei os braços, descobri que estava rodeada de livros e a minha coleção de sininhos: ele tinha cercado a cama com uma estante. Agora a única forma de subir na cama era pelos pés. Com os meus filhos a chamamos "Nicho", não só porque a minha casa toda é uma coleção de nichos de material, mas também porque ele tem o caráter de *Jack Nicholson*, sempre irritável e com as sobrancelhas em atitude ameaçadora. As pessoas já começaram a notar que eu tenho um marido "faça você mesmo". Já não posso ocultá-lo: somos os que botam a antena de TV no meio de uma tempestade, os mosquiteiros presos com percevejos, as portas pintadas com látex. Até a tarefa mais simples o meu pobre santo ataca com a graça de uma manada de búfalos. O incrível é que, na realidade, apesar dele querer fazer as coisas, não tem paciência nenhuma.

"Eu me pergunto se você poderia passar por trás da lavadora e ligar esta simples tomada na eletricidade", arrisquei um dia. "Vejamos!", respondeu, "primeiro preciso da *Enciclopédia da bricolagem*, volume III. Me faz um favor, procura o capítulo ARTEFATOS ELÉTRICOS. Agora vai e traz o meu cinto utilitário, as minhas luvas isolantes e o meu capacete de segurança com luz incorporada." E entrou lá, volumoso como ele é. "Vai", adverti, "me quebra o dial com a tua pata número 43. Olha, é melhor deixar que eu faço", sugeri, vendo o desastre que iria acontecer. "Isso é trabalho de homem", disse com firmeza, "enquanto isso, vai e acaba de juntar a areia que sobrou quando consertei a calçada". ("Consertei", bem, é uma forma de dizer: transformou-a numa escada: uma lajota mais alta do que a outra.) Entrou mais atrás e, finalmente, ligou. Uma patinha só, e a outra fez contato não sei com o quê. Recebeu uma sacudida que acabou batendo a testa contra uma torneira quebrando o bulbo (o bulbo que tem na frente do capacete). Mas reagiu de imediato, levantando de repente a nuca (ainda tem a cicatriz). Bateu contra a bancada da área. Finalmente se levantou. E levou com ele a mangueira do esgoto... presa no "cinto utilitário", com todos os parafusos e a válvula. E foi aí que pronunciou a frase de terror: "Depois da sesta eu termino". Almoçou, bebeu uma garrafa e meia de vinho (porque era domingo) e, às sete da noite, quando tinha que se levantar, fingiu estar doente. No dia seguinte veio o técnico e, vendo a lavadora com a mangueira quebrada, os fios soltos e todas as porcas do gabinete no chão, sugeriu: "Seria conveniente comprar um novo, não existem peças de reposição porque é importado".

Ironicamente, existem mulheres que têm inveja de mim. "Pelo menos ele faz alguma coisa, não é como o meu. Vocês são um casal perfeito. Dá prazer vê-los, você cortando a grama e ele botando veneno para as formigas, você lavando o carro enquanto ele limpa o porta-luvas... São tão companheiros!" "Deixa eu te contar um segredo", confessei, "eu sempre tive nojo da mulher inútil. Tenho ressentimento porque invejo a sua habilidade em dominar os homens e colocá-los a seu serviço. Se eu nascesse de novo, seria como você. Como é que o teu marido te chama? 'Gatinha de seda'? Bem, o meu me chama de COLÉGIO NAVAL." E isso me passa por falar demais, porque no começo do nosso noivado, observando como ele tentava ligar o motor fora de borda, dei uma de esperta e disse: "Escuta aqui, garoto, primeiro você tem que acionar o afogador para que a gasolina chegue ao carburador, depois coloca a alavanquinha em START e estica a cordinha". Desde aquele dia me ascendeu a almirante e tive que custodiar o fora de borda. Também me indicou para limpar o filtro do ar condicionado, consertar o varal, trocar o líquido refrigerante dos carros, consertar os courinhos das torneiras que pingam...

Permitam-me lhes dizer que o único interesse dele é "brincar" de FAÇA VOCÊ MESMO. Brincar, não fazê-lo. Mas o paroxismo foi quando, há pouco tempo, ele teve a idéia de construir um canil, segundo um desses livros de bricolagem que ensinam a fazê-lo "em seis aulas fáceis". Se conseguisse acabá-lo em seis anos, seria um milagre, tendo em conta que outra característica da sua personalidade é que, toda vez que faz alguma coisa, decide acrescentar anexos: vaso sanitário, bar, quitinete... O que – pensando bem – não era má idéia. Eu disse: "Por que você não acrescenta também uma biblioteca?" "Para quê?" "Para guardar toda a coleção de FAÇA VOCÊ MESMO que você acumulou desde 1974. Assim, depois dos seis anos, você terá um lugar onde mudar depois do divórcio."

"Minha mulher adora a cozinha;
especialmente se for feita num restaurante."

HENNY YOUNGMAN

E hoje, o que vamos comer?

A verdade é que não agüento mais os meus colegas de trabalho. O que estão pensando? Que estou me referindo ao computador, aos livros, às canetas? Não! Eles são só um passatempo na minha vida. Meus verdadeiros companheiros de trabalho são o espanador, o detergente, o aspirador e as frigideiras. Especialmente as frigideiras. E as panelas. É ali onde me desenvolvo verdadeiramente como pessoa: cheirando a cebola, correndo para que as batatas fritas não torrem e com água e sabão escorrendo pelas mãos. Eu devo isso à minha mãe, que me educou para que a minha vida fosse um conto de fadas: "Cinderela". E o meu marido, o príncipe faminto que todos os dias me tortura com a pergunta que confirma que estou viva: "E hoje, o que comemos?". Tento tomá-lo filosoficamente e me digo: "Cozinho, logo existo". Então, para enfrentar esse desafio diário, queimei os meus cílios fazendo cursos de cozinha e lendo livros de José Hugo Celidônio, Claude Troisgros e outros. É que, se temos um certo amor próprio, não podemos deixar passar assim certos comentários. Sem ir longe demais, quando éramos recém-casados, ele me disse: "A melhor coisa da tua comida é que não cria hábito". Dá para notar que ainda me faltava aprender. Deve ser por isso que no nosso primeiro aniversário, ele me deu um livro de cozinha de presente: *Cozinha moderna para a mulher fácil*. E acrescentou: "A partir de hoje, pára de pegar as receitas de *Mecânica popular*". Foi assim que me transformei na excelente cozinheira que sempre fui.

Mas ultimamente não sei o que acontece comigo... Cozinho com violência, com ressentimento. Quando descasco e corto na minha tábua, aperto os dentes murmurando coisas como: "Vocês vão ver, desgraçados". Estarei me rebelando? Estou dizendo isso porque, outro dia, quando ele ligou como sempre às três da tarde para averiguar o que havia para jantar, desliguei e deixei um pequeno aviso colado na geladeira, que dizia: "Saí por um instante e acho que não volto mais".

Acontece que este homem, como é gordo, vive de regime (ele acha isso). Portanto, ele não almoça, mas tem permanentemente um prato de ravióli no cérebro. Ele está tão gordo que a banheira já tem estrias... Come como um desesperado. Quando toma a sopa, os casais levantam e começam a dançar. E eu não sei por que me sinto como se tivesse sido pega em flagrante se às três da tarde não estou preparando o pão nosso de cada dia. Fico nervosa e me chateio com ele. E depois lhe peço perdão. Mais ainda quando já tenho tudo organizado e a cena é mais ou menos assim: "Que temos para jantar?" "Bom, tenho alcachofras, pastel de carne e salada de frutas." "Que pena!" Poxa! Já me colocou onde ele queria. "Por quê?", gaguejo sabendo o que vem pela frente. "Teria gostado de um peixinho..." E lá vai a Viviana, de ônibus (porque eu não tenho mais carro; são meus filhos que usam ele. E no meu bairro não tem peixaria. Tenho que viajar até um centro comercial). Então, imaginem, eu com meu badejo embaixo do braço, empacotado com jornal. E as pessoas me olhando esquisito, a mim, uma pessoa que toma banho várias vezes ao dia... Eu não sei dizer NÃO. Se me pedirem rãs-touro à Provençal, sou capaz de caçá-las nas valas que tem perto do meu lar.

Esse é outro assunto que aflige a gerente da família: a provisão de alimentos. Na minha casa, isso é feito por um grupo de tarefas formado por uma única pessoa: eu. E qual era o lema dos grupos de tarefas durante a repressão? "Alguém tem que fazê-lo". E se a gente, enquanto arrasta as sacolas até chegar em casa, deixar cair uma lágrima, é porque já sabe o que acontecerá: encher a geladeira é como encher um barril esburacado. A gente enche as estantes e no segundo dia o único que sobrou é um tomate podre e uma fatia de presunto envolvida num papel molhado (porque a minha geladeira chora, como eu). E mesmo que traga de tudo, sempre falta alguma coisa. E isso, justamente isso é o que pedem: "Mas como, não tem salmão defumado?" Esse é o meu filho mais velho que, depois de inspecionar 500 reais em mantimentos, parado diante da geladeira aberta durante duas horas até os pêlos do nariz congelarem, decreta: "Nesta casa nunca tem nada pra comer. Eu vou pro McDonald's". Ele vai para o McDonald's!, para me fazer sentir uma péssima mãe. O mesmo sujeito que diz que é vegetariano. Para quem eu faço comida especial: que carne não, que alimentos enlatados tampouco. Que somente gramíneas, peixes e hortaliças e todas essas coisas esquisitas que comem os "conversos". Aqui gostaria de dedicar um pequeno parágrafo às crianças e à comida. As crianças, é sabido, são os comensais mais desconfiados que existem. São capazes de comer qualquer coisa: barro – cru ou cozido –, pedras, pasta de dentes, lápis, peixes da peixeira, cigarros, comida para gatos, mas vai tentar fazê-las experimentar uma colher de polenta, e elas te olham com cara de prisioneiras num campo de extermínio nazista. Os meus me cuspiram tanta comida na cara quando eram pequenos, que até precisei de óculos com limpador de pára-brisa. Mas agora já são grandes. Ou seja, a coisa não é tão fácil. Não se soluciona com pedagogia, ou seja, com um bom "assopra-meleca".

Olhem, então, a cena de ontem à noite. Eu, em pé o tempo todo fritando pasteizinhos de espinafre. Dois mil e trezentos pasteizinhos. É um ato heróico que a gente faz por amor à família. Porque durante duas horas a gente não senta enquanto eles comem e conversam. Mas o que querem que eu diga: para mim, o ritual do jantar é sagrado, é o único momento do dia em que estamos todos juntos e nos "comunicamos". Meu último diálogo sobre comida com meu marido foi aproximadamente assim:

– O que você quer comer, querido?
– Qualquer coisa.
– Tenho fígado.
– Odeio fígado.
– Mas você não disse qualquer coisa? Se você falasse mais, talvez eu poderia saber o que você quer.
– O que você quer que eu diga?
– Você me ama?
– Que pergunta!

– Fala, fala!
– Está bem, te amo.
– Não fala como se você estivesse comprando uma rifa dos bombeiros.
– Te amo.
– Eu não acredito. Por que será que para os homens é tão difícil demonstrar os sentimentos?
– Pelo mesmo motivo que para vocês não é difícil demonstrar o que não sentem.

Enfim, graças à comida conseguimos ter mais ou menos profundas aproximações.

A verdade é que descobrimos que o sentido das nossas vidas e da nossa relação era a comida, há muito tempo. Exatamente quando voltamos da lua-de-mel. Nossa próxima comida era a razão da nossa existência, a base da nossa comunicação.

Tudo era assim: "O que tem para o almoço?" "O que você quer que eu prepare?" "Você descongelou a carne?" "Por que você não come? Está muito crua?"

Mas na noite dos pasteizinhos, já estava tomando forma dentro de mim esta sublevação. De repente não agüentei mais e falei: "Epa! Mas o que está acontecendo? Ninguém fala comigo?". "Não fala isso, mamãe. Por acaso não acabei de te contar que amanhã tenho uma festa e preciso do terno azul passado e dos sapatos pretos lustrados?", era a voz do meu outro filho. Obviamente não respondi (já se sabe que a loucura é hereditária: herda-se dos filhos para os pais). Limitei-me a continuar escutando o som das mandíbulas, que num segundo trituraram e engolem o que a gente demorou horas para fazer. Nisso – não sei de onde saiu, não sei –, eu disse: "Tenho um tumor no hipotálamo". "E o que você está esperando para ir ao médico, preguiçosa?" Dessa vez era a voz do meu cônjuge. Surpreendeu-me que pelo menos respondesse, porque a verdade é que é tão conversador, que se continuar assim, vou ter que assistir às reuniões dos Alcoólicos Anônimos para falar com alguém ou transformar-me em vidente ou mentalista para adivinhar o que pensa. Não agüentei mais e comecei a limpar a meleca com o avental, entre soluços, sentada no chão da cozinha em posição fetal. Devo ter agido esquisito, porque esta manhã o homem da minha vida me levou outra vez ao psicólogo. "Doutor", eu disse, "em primeiro lugar, quero que saiba que tenho uns pesadelos horríveis. Sonho todas as noites que corto, corto e corto com a minha faca sobre a tábua de cortar..." "E o que corta, senhora?" "De tudo, todas as coisas que cozinho..." "Corta cenouras?" "Sim, claro." "E lingüiça?" "Lógico, quando faço feijoada." "E nabos?" "Sim... para a sopa." "Também corta bananas?" "Óbvio, doutor, quando faço salada de frutas." "Está claríssimo o que acontece com a senhora. A senhora tem um complexo de castração. Sente-se castrada por ter que estar sempre na cozinha. E então projeta, inconscientemente, castrar ao seu marido e aos seus filhos." "Doutor, só estou farta de cozinhar." Fui embora pensando que o médico não deixava de ter razão. Talvez não estivesse fantasiando castrar ninguém, mas, por que não envenenar? Colesterol, toxinas e sódio poderiam formar parte de um novo menu que me permitisse sair desse jugo...

Mas não, melhor não. Para quê? Para me transformar em enfermeira e cuidar de enfarte, hipertensão, hepatite crônica, úlcera?

Não, enfermeira, não. Melhor ficar calada e continuar cozinheira.

"Qualquer coisa que as mulheres façam devem fazê-la duas vezes melhor que os homens para que sejam consideradas mais ou menos boas. Por sorte, isso não é difícil."

CHARLOTTE WHITTON

É conveniente ser auto-suficiente?

Que mal me ensinou o meu pai! Ele me disse que as pessoas se dividem em dois grupos: os que fazem e os que olham. O que ele não me advertiu é que se eu entrasse na fila dos que fazem (e eu entrei nesse grupo), ia estar rodeada de gente que só olha. Mais cedo ou mais tarde, então, a gente se pergunta o seguinte: é conveniente ser auto-suficiente, competente, eficaz, ou é melhor ser uma inútil? Quem vive melhor? A mulher lutadora, aquela que resolve as coisas, a que diz: "O ferro pifou. Deixa, que eu conserto", ou a incapaz assumida e feliz, que faz cara de carneiro degolado e diz: "Ai! Eu não sei, perguntem pro meu marido."? Quem vive melhor? Bem, já tenho a resposta: como mulher é melhor ser nula. Como ser humano, não. Mas nesta sociedade isso não importa. Se a gente consegue fazer fácil, obtém mais rendimentos passando por bobas. E isso me garantiram muitas mulheres inteligentes.

Jamais esquecerei o dia em que tive que entrevistar a deputada *Florentina Gómez Miranda* para uma revista e ela me confessou: "Coitado do meu marido, morreu acreditando que eu não sabia fazer chimarrão! O enganei durante todos estes anos!". "E por que fez isso?", lhe perguntei. "Porque, senão, teria que ter ficado fazendo chimarrão aí, juntinho dele, imóvel, pois não há nada mais escravo que fazer chimarrão. Dessa forma, ele o fazia sozinho e às vezes me trazia um, enquanto trabalhava." Deveria ter aprendido com ela. Não ter o falso orgulho de dizer: "Ah não, que ninguém pense que eu não sei fazer isso!". Agora já sei por que sou uma mulher experiente. E "experiência – diz um ditado – é o que você obtém quando não obtém o que você quer". Como a ocasião em que decidi fazer um churrasco. Foi um dia em que exclamei: "Estou cansada de depender de um homem toda vez que eu quero comer um churrasco!". Quantas vezes temos passado por essa situação? "Gordinho, por que você não faz um churrasquinho?" "Não, hoje não tenho vontade" ou "Vou chegar tarde porque tenho um jogo de tênis". Então a gente acaba comendo churrasco somente quando *eles* têm vontade. "Que os homens nos submetam à asquerosa chantagem da 'carne', tudo bem, mas a chantagem da 'carne na grelha', já é demais. Como é possível que uma mulher corajosa e resolvida como eu admita isso?", me censurei. Isso de estar me humilhando, pedindo, implorando, quase com medo: "Querido, você gostaria, tem vontade de fazer um churrasquinho?".

Portanto, decidi resolver esta situação como faço sempre: "peitando" as coisas. Afinal, se bem que eu nunca tinha feito um churrasco, só de observar conhecia perfeitamente os passos a seguir. Não podia falhar... Apesar dos homens andarem sempre competindo e fazendo um mistério da sua técnica, como se falassem da habilidade para abrir uma caixa forte.

Acordei às seis da manhã. Para quê? Para comprar a carne, o carvão, o agrião, o pimentão, limões, alho, batatas. Todas essas coisas que, quando os maridos fazem o churrasco, é a gente que prepara. Desta vez, além de ser eu a encarregada de tudo, saladas e tal, também tinha de fazer o churrasco. O homem normalmente começa meia hora antes. Afinal de contas, ele tem um séquito de ajudantes que estão ao seu redor como a corte dos milagres: mulher, filhos, empregada e até o cachorro que lhe traz os galhos. De forma que – precavida – comecei cedo. Cheguei em casa e comecei a limpar a churrasqueira, que tinha ficado suja da última vez. Lógico que com o inestimável assessoramento dele. Ele olhava. Com o sembrante fechado, como se tivesse me pegado em flagrante flertando com outro, e me dando conselhos paternais. Sim, devo admitir que cumpri o sonho secreto de toda mulher: casar com meu pai sem matar antes a minha mãe. Apoiado, assim, displicentemente contra a parede e com os braços cruzados, ele me alentava: "O que você está fazendo? Me dá aqui! Como você vai tirar a gordura da churrasqueira com a minha faca de açougueiro? Você vai arruinar o gume!" E a tirou das minhas mãos como se tivesse resgatado da destruição um vaso da dinastia Ming. Não importa. Comecei a preparar o fogo enquanto salgava o peito de porco. "Quê? Você vai salgar ele antes?" Achei que tinha reconhecido um tom de advertência na sua pergunta. Como se estivesse prestes a ocorrer uma catástrofe ecológica.

Um erro que deveria pagar pelo resto da minha vida... Diante dessa dúvida, enxagüei todo o sal embaixo da torneira e comecei a preparar as moelas como o meu pai faz, dando um fervor prévio e depois cortando em fatias para tirar a gordura. Mas enquanto ferviam as moelas na cozinha, voltei à churrasqueira para ver se a brasa já estava pronta. Estava, de forma que fui colocando o frango e o peitinho. "Quê? Você ainda não aprendeu a abrir o frango como rã?", me perguntou zombando, sempre apoiado contra a parede. "Assim o peito vai queimar", fez a sugestão entre os dentes. Nessa altura já começava a ter efeito o trabalho psicológico, porque, no meu amor próprio ferido, tirei o frango da churrasqueira e comecei a cortá-lo tipo rã, mais ou menos segundo o que eu lembrava. Não foi fácil, ainda por cima com uma faca comum, porque a faca boa estava presa na cintura dele, no melhor estilo *gaúcho*. Obstinada, consegui: ficou tipo rã. Uma rã paraplégica. O terrível foi que, com essa dedicação, esqueci as moelas. Quando voltei à cozinha tinham fervido tanto, que pareciam miolos. Agora só serviam como esponjas para lavar louça. "O que você vai fazer! Jogá-las fora?", me fulminou com um olhar terrível. "Não, não, eu vou comê-las de qualquer jeito." E comecei a engolir esses pedaços de espuma fazendo cara de "estão deliciosos".

Ainda me faltava limpar o agrião. Folha por folha. Mas, para ganhar tempo, coloquei os pimentões sobre as brasas, para que fossem assando. Não me atrevi a lhe pedir que os vigiasse. Nessa altura do campeonato, já tinha compreendido que para certos varões com "tudo o que precisam bem no lugar" deve significar algo assim como um estupro contranatura, que a gente lhes demonstre que podemos fazer certas coisas sem eles. Além disso, ele me seguia pela casa inteira como um acompanhante terapêutico encarregado de vigiar os passos de uma demente recém-saída do manicômio. Se eu estava na cozinha, ele ali, do meu lado, semeando a dúvida e o pânico: "Você vai ficar sem fogo". Corri até a churrasqueira para pôr mais carvão e ele me lembrou que havia seis meses que não pagávamos o seguro contra incêndio. "Não fica preocupado – lhe manifestei –, o dia em que eu decidir incendiar a casa, eu vou fazê-lo só com você dentro dela.

De forma que, uma vez morto, não terás que te preocupar com mais nada". Voltei à cozinha e continuei com as outras coisas. A propósito, combina churrasco com purê? Já achava que não. Acontece que, correndo atrás do cachorro – que tinha roubado algumas lingüiças – pelo jardim, perdi dez minutos e as batatas para a salada tinham se desintegrado (como as minhas ilusões de sair vitoriosa dessa empresa). Resgatei as lingüiças, as lavei com água e vinagre e botei no fogo. "É assim que você nos envenena todos os dias?", perguntou num tom de psicanalista que insinua terríveis perversões ocultas na nossa personalidade. "Mas se o fogo mata tudo..." "Isso eu não como." Eu fiz como que não ouvi e voltei a assar frente à churrasqueira, enquanto lembrava de *Florentina Gómez Miranda*, que usou a inteligência a seu favor, não contrariamente. Tinha acabado de descobrir que não é o mesmo ser inteligente em física nuclear do que no amor e nas relações. São duas coisas diferentes. Eu achava que, sendo eficiente e imprescindível, ia conseguir que o meu marido, meus filhos, meu chefe, minhas empregadas, meus amigos, meus colegas de trabalho, meus pais e os gatos abandonados me amassem mais. Não foi assim. Mas todo mundo pretendeu me usar e, além disso, com direito a criticar.

Nós, mulheres, em nosso pequeno papel de tiranas domésticas, tentamos compensar essa falta real de poder; reinando sobre coisas pequenas: a limpeza, a ordem e agora... o churrasco, para ter certeza que o nosso papel vale muito. Repito, admiro aquelas que podem deixar de lado o amor próprio e se aproveitar do rol algo bastardo que a sorte nos deu, sem se importar com o quê alguém pense delas. A minha mãe, por exemplo, não aprendeu a preencher um cheque até que atingiu os quarenta anos e, apesar disso, vivia muito bem. Eu assino cheques e nunca tenho um tostão, apesar de trabalhar. Meu pai queria que a minha mãe fosse assim mesmo como ela era, mas que eu fosse diferente. Que tivesse auto-estima. Graças a Deus não pôde me ver naquela noite do churrasco, na qual quase estive a ponto de fazer o que sempre faço quando me sinto encurralada: usar a mais poderosa força hidráulica do mundo: lágrimas de mulher. Lágrimas de mulher!

"Um homem de sucesso é aquele que ganha mais dinheiro do que a sua mulher pode gastar. E uma mulher de sucesso é aquela que pode encontrar um homem assim."

LANA TURNER

As aflições são nossas, a graninha não

Ontem à noite o meu cônjuge chegou em casa com cara de lobo mau e gritando: "Voltei para acabar! Voltei para acabar!". Não sei por que achei que era um convite à luxúria. Ingenuidade minha... Ele se referia ao cartão de crédito. Nesse dia ele tinha recebido a conta no escritório. Eu não nego que gastamos muito, mas somos duas pessoas! E dois animais (meus filhos, que comem como leões). Acontece que o chefe desta casa é um cara muito especial com a grana. Ele adora gastar, mas quando chega a hora de pagar, sente uma necessidade enorme de fazer escândalo. Dá para notar que é uma coisa que vem do berço. É como um ritual que ele executa. Como se rezasse uma ladainha... Para descrevê-lo sem exagerar: durante duas horas ele fica andando em círculos, levantando e abaixando a cabeça, que segura com as mãos, enquanto fala o seguinte "mantra": "Você vai me destruir, você vai me destruir". E algumas outras coisas que não seria bom reproduzir. Então, o que é que eu faço nesse momento? Fico dura como uma esfinge, com o olhar fixo num ponto e penso – como as crianças quando recebem uma bronca: "Vai passar, vai passar. Agüenta mais um pouco, Vivi, já vai passar". Bom, se ele me tirar o cartão, já não terá mais nada para me tirar. Só me restará continuar me dedicando à literatura fantasma. Quero dizer, todos os dias leio um livro com as páginas em branco: meu talão de cheques. Se eu gastar alguma coisa sem consultá-lo, essa noite não poderemos dormir no mesmo quarto sem abrir as janelas para deixar a hostilidade sair.

Mas, eu me pergunto, por acaso um homem não é cúmplice nas despesas, quando todos os dias ele diz: "Vamos fazer um churrasco para dez, vamos fazer um jantar para quinze. Convidemos fulano para comer em tal lugar. Para as férias convidei meus pais, meus sobrinhos e o *barman* do clube com a sua esposa, para passar uns dias com a gente". De onde ele acha que sai dinheiro para isso tudo? Então aparece com a conta do cartão de crédito e a interpreta com ares de inspetor do imposto de renda: "O que é Branco não sei Quanto?", suponhamos. "Uns lençóis que comprei para o quarto das crianças." "Mas você não tem controle! Você é um macaco com uma navalha! Se não tem lençóis, pois então durmam em cima de toalhas. Devem agradecer que têm cama." "Você sabia, quando casou comigo, que sou uma mulher bem cara", ironizo. Sim, caríssima! Comprei uns quatro batons (em cinco anos), e daqueles baratos, para que ele pudesse continuar fazendo banquetes e comilanças e continuar aumentando a sua coleção de canivetes e facas importadas (porque para isso, sim, há dinheiro). Acontece que ele tem certeza que "o dinheiro não traz felicidade". Por isso, não quer que eu gaste, porque quer me ver feliz. É tudo uma questão de educação. Somos de famílias muito diferentes. Os pais dele são unhas-de-fome. Meu sogro – saibam vocês – enterra o dinheiro. Como não pode levá-lo com ele para o outro mundo, o enterra antes. Além disso, há pessoas que são pães-duros unicamente com os outros. Eles, por exemplo. Acreditam piamente que "a boa caridade começa em casa". E acabam jantando no "Copacabana Palace" (contanto que a gente pague a conta). Mas eu tenho pais muito consumidores. Um dos lemas da minha mãe é: "Minha filha, poupa um pouco todo mês e no final do ano você ficará surpresa do quase nada que você tem". Ela diz que o dinheiro deve sair para entrar. E para ela dá certo. Mas eu nunca tive sorte com o dinheiro. A única vez foi anteontem, quando encontrei uma moeda estranha. Claro, era estranha porque, como eu jamais encontrei nada na vida, disse: "Oh, que estranho, encontrei uma moeda!".

Eu tento fazer com que o meu marido adote esse estilo da minha família, mas não tem jeito. Saímos do cinema e se aproxima um flanelinha, que ele odeia, porque odeia ter que dar gorjeta, e eu, usando uma frase da minha mãe: "Dá, até doer". "Está bem, toma dez centavos." Obviamente não tem muita tolerância à dor. Enfim, esta história do dinheiro no casamento é insolúvel, porque eles não se importam com o dinheiro que gastam, odeiam o que nós gastamos, mesmo sendo em papel higiênico. Há pouco tempo, vendo a conta do supermercado, ele disse: "Você deveria ser ministra da Fazenda". "Por que, meu bem? Você acha que este mês gastamos menos?" (fiquei toda feliz, achando que eu tinha amolecido o seu coração). "Não, porque você sozinha acabaria com a recessão."

Nesse instante, relembrei outra frase célebre da minha mãe: "Filhinha, você sabe qual é a melhor maneira de chegar ao coração de um homem? Com uma faca e pelas costas".

E ele tem muitas!

"Tenho um terno para cada dia da semana.
É o que estou usando."

HENNY YOUNGMAN

A reforma trabalhista inclui consertos de roupa?

É indispensável que eu consiga o telefone da Instituição Conviver é Viver, para fazer uma denúncia por discriminação. Como mulher que pensa que uma agulha é uma coisa que a gente crava no pé quando anda descalça (porque a verdade é que eu cozinho, lavo, passo, mas costurar... nada), como mulher que é uma negação nessas questões, me revolta a desigualdade que existe entre os consertos da roupa de homem e de mulher. Não é para menos. Porque quando um homem compra um blazer, o conserto é de graça. Mas se a gente for a uma butique e comprar uma roupa do mesmo valor, tem que pagar também por uma bainha ridícula. Eu estava com meu marido há alguns anos. Quinze (é que ele não compra roupa constantemente). Para ser exata, a cada quinze anos. Vocês notaram que as pessoas mandam os ternos velhos às ONGs? Muito bem, ele os manda à tinturaria. Quando me pergunta quantos ternos ele tem, eu respondo: "Dois. Com ou sem". Nunca tenho a oportunidade de passar o único terno que ele tem. Ele anda como se tivesse se vestido na frente de uma turbina de avião.

    A primeira vez que eu fui ao apartamento de solteiro dele, teria que ter adivinhado que esse seria um problema maiúsculo em nossas vidas. Ele possuía um armário cheio de ternos, e eu disse para mim mesma: "Eis aqui um cavalheiro elegante". Até que os olhei de perto. Era a coleção completa de todos os ternos da vida dele, desde a primeira comunhão (porque essa é outra coisa, ele não joga nada fora). Uns modelos sinceramente indescritíveis. Justos, com lapelas largas e as calças Oxford e sem bolsos. Calculei uns treze anos. Isso sim, tinha mais de 60 gravatas (largas como um guardanapo e assinadas por *Clodovil*). Tive a idéia de lhe perguntar por que guardava todo aquele lixo e ele ficou ofendido como uma virgem afetada. "Isso? Isso é uma jóia. Espera eu emagrecer uns quilos e mandarei ao meu alfaiate

SILVANO para reformar." Por sorte do alfaiate, ele morreu antes que todas essas fantasias chegassem a suas mãos. Caso contrário, hoje estaria se virando no túmulo. Parece que a fantasia do meu então noivo era essa: emagrecer! Tudo bem. Todos nós temos alguma fantasia. Sem ela não é possível viver. Mas uma coisa é emagrecer uns quilos e outra, muito diferente, é pretender voltar ao físico de quando estava fazendo o serviço militar, tendo 31 anos de idade. Porque até isso ele guardava: o uniforme, dizendo que algum dia o faria "reformar" pelo seu alfaiate. Hoje – com a idade que eu tenho – se um homem me disser isso eu boto um continente inteiro entre nós dois. Mas o que vocês querem, eu tinha 20 aninhos... A gente demora para descobrir a pessoa que está ao nosso lado (às vezes, 27 anos), sua verdadeira personalidade. Neste caso, *dupla personalidade*: tem um corpo que exige permanentemente ravióli com molho à bolonhesa e um cérebro que exige elegância, que o impede de aceitar que pesa 85 quilos.

Atualmente anda com o que eu chamo de terno de mórmon. Da Igreja de Jesus Cristo dos Santos dos Últimos Dias. Só falta ele usar com camisa de mangas curtas e gravata fininha. "Se é fantástico", ele se defende, "nos Estados Unidos é um clássico". Sim, o clássico terno do viajante de comércio. Ouviram falar da *Morte de um caixeiro viajante*? Muito bem, toda vez que vamos a uma festa – eu toda arrumada e ele embaixo dessa barraca – tenho vontade de matá-lo e eu o provoco: "Isso que você está usando é um terno ou você está dançando com outra pessoa?". Depois fico amolecida e, considerando que ele é um homem que chegou à Idade Metálica, não posso lhe pedir mais. A IDADE METÁLICA: Cabelo Prateado, Dentes de Ouro e Bunda de Chumbo.

Mas vez ou outra ele se decide e compra alguma coisa. Como essa vez, há quinze anos, quando comprou um terno de 89 reais (cinco peças com duas calças e um jogo de pratos plásticos de cortesia). Uma oferta. Não era só barato (a etiqueta dizia: "FEITO NAS MALVINAS OCUPADAS, CAPITAL MUNDIAL DA MODA"), mas é que nele O.B. luzia como uma cortina de banho.

"Não gosto como ficam meus ombros, tem muita ombreira." Muita ombreira? Parecia *Guerra nas estrelas*. Era o próprio *Darth Vader*! "Mas se não fosse por isso, caiu em mim como uma luva." "É verdade, não dá para ver os teus dedos", ratifiquei. "Poderiam consertar-me as mangas?", perguntou olhando-se nos espelhos dessa cabine ampla e senhorial. "Senhor, não há problema nenhum", sorriu o vendedor, muito atento. "A calça está larga e as pernas são compridas" (compridas era uma forma de dizer: parecia a cauda de um vestido de noiva). "A cintura está folgada. Teria que apertá-la um pouco." "Nem mais uma palavra, cavalheiro, permita-me chamar o alfaiate." O alfaiate demorou mais de quarenta minutos para adaptá-lo à sua figura, que, como alguns já sabem, é uma mistura de Jô Soares e Danny De Vito, porém menos alto. Não sei por que tanto conserto, se ele nunca se preocupou com a roupa.

Ali estava o terno de 89 reais, partido ao meio como uma vaca. Duas meias reses, todo desarmado. Pensei: "Consertar isso vai custar mais que a ortodontia das crianças". Mas não. "Quanto custa?", perguntou O.B. "Senhor, absolutamente nada! É sem custo. Os consertos não são cobrados".

Pois bem, não há muito tempo estava eu experimentando, presa nessas cápsulas *hiperbólicas* que são os provadores femininos, um conjunto de preço incomparável. "Como ficou, meu bem?", disse a vendedora empurrando a porta e encostando-me perante o espelho. "A saia ficou um pouco desnivelada", comentei, mostrando o desnível de 45 graus no contorno. "Isso tem conserto, meu bem. Por 20 reais. Mas a parte de cima ficou como se tivesse sido feita para você." "Você diz isso porque as mangas são tão compridas que poderia amarrá-las nas costas como uma camisa-de-força?" "Você pode dobrá-las. Se não, cortá-las um pouco vai te custar outros 20 reais." "Não sei... – duvidei –, talvez o tecido não seja para mim. Marca muito os pneus." "Isso pode-se corrigir facilmente, meu amor. Se você quiser poupar 10 reais, estica a parte de cima no encosto de uma cadeira durante dez dias. Para você, melhor num sofá." "Quanto para encurtá-lo?" "Cinco reais", respondeu, "mas depois vai ficar como feito sob medida. Vem que te ajudo com o fecho." "Um momento. Quanto para me ajudar com o fecho?", a detive desconfiando. "Ah, não. Isso é sem custo, porque queremos você como cliente", acho que respondeu. Porque eu já estava na porta, fugindo.

Para dizer a verdade, agora que neste país tudo se privatiza, poderiam voltar a estatizar algumas coisas. Sabem o quê? Para começar, os consertos da roupa feminina. Deveriam ser iguais para todo mundo: de graça.

"O casamento é um intercâmbio de maus humores durante o dia e maus odores durante a noite."

A. SCHOPENHAUER

Problemas de alcova

Neste fim de semana, "para me distrair", arrumei o armário do banheiro. E o que é que encontrei? Algo vergonhoso. Um artefato de borracha, cheio de talco, que se usa na cama... E que pertence à parte mais obscura do meu casamento, uma testemunha muda das coisas que nós, mulheres, somos capazes de fazer por um homem (o que vocês estão pensando?): A BOLSA DE ÁGUA QUENTE. Sim, devo admitir que durante anos apelei a isso para salvar o meu casamento. Acontece que o senhor que mora comigo tem "problemas com o termostato". Sempre tem calor. Como as velhinhas do bairro, que estão sempre dizendo "Nossa Senhora, esses calores, esses calores!". Mesmo fazendo dez graus negativos, ele anda de camiseta. Eu não. Eu sou NORMAL. Portanto, quem é que teve que fazer o esforço para se adaptar? Eu! A primeira vez que dormi com ele deveria ter servido para decidir não me casar (fazer o quê, já é hora de os meus filhos saberem que dormi com o pai deles antes de entrar na legalidade...) Mas "cega" de paixão e romantismo, eu não quis ver a realidade: que dormir com outro é como a morte: ninguém chega a ela preparado.

Eu sonhava com um fim de semana inteiro na cama, trocando carícias quentes. O que não imaginava era o figurino: camisola flanelada, gorro e meias que usava no ensino médio para jogar hóquei. Porque o selvagem vivia sem calefação e se cobria só com um lençol do tamanho de um pano de cozinha. Eu não podia parar de ranger os dentes. Acontece que eu vinha de uma casa onde se podiam fritar ovos no chão, por causa da calefação central. A mudança foi brutal. Eu passei assim essa primeira noite: uma parte tentando esquentar a cama com um secador de cabelos (a única fonte de calor que esse homem possuía no apartamento) e a outra parte fazendo controle mental para me autoconvencer de que estava nas Bahamas com 32 graus de temperatura. Depois de algumas horas nessa câmara frigorífica (não esqueçamos que eu tive que levantar várias vezes a camisola flanelada), tive um ataque de asma tão forte que tivemos que chamar um médico. Quando ele me viu, toda azul, disse para o enfermeiro: "Tem certeza que esta paciente está viva?". E colocou uma etiqueta no dedo gordo do meu pé e me cobriu com o lençol. "Só tem um pouco de hipotermia, doutor. Pode ir, pode ir, que eu vou curá-la", despachou-o com desenvoltura o meu namorado. E me sentou na cama, na escuridão, com as pernas em posição de ioga – nessa época andava nessa onda de respiração profunda e ioga – e me fez fazer exercícios até o amanhecer. Passou. Ou passava ou eu morria.

Essas pequenas incompatibilidades às quais a gente não presta atenção – porque no final das contas conseguimos um homem e isso põe um fim a uma busca mais exaustiva do que encontrar o Santo Graal – são as que vão destruindo um casamento. Mas a gente ainda não sabe. Só o tempo vai revelando coisas que, mesmo com a terapia de casal mais cara, não têm solução. Se ele é como uma foca e eu um passarinho congelado e tuberculoso (ele me chamava assim carinhosamente), um de nós dois terá que se ferrar. E já sabemos como acaba isso. "Nunca tentes reformar um homem", dizia a minha mãe, "para isso existe o reformatório". Como era previsível, meu caso acabou em camas separadas. Foi sofrido, hein? Houve muita resistência de toda a parentela, amigos, o mesmo psicanalista que tinha me aconselhado aquilo e depois, quando criei coragem, me disse que aquilo era "indício de frigidez". E, logicamente, ele. Mas eu não agüentava mais. É que à noite acontecem coisas terríveis no "tálamo nupcial". Ele ronca como uma serraria em pleno funcionamento, ofega como um búfalo no cio. Lê todos os jornais da semana, ouve rádio e vê televisão – tudo ao mesmo tempo – e ainda por cima não diferencia uma cama de uma academia: dá patadas, enche de cotoveladas as minhas costelas, me esmaga um seio e gira sobre si mesmo como um planeta enlouquecido, murmurando coisas estranhas e pedindo socorro enquanto sonha – porque tem pesadelos. Desenvolvi os músculos do *Schwarzenegger* tentando mudá-lo de posição no meio da noite (a essa massa enorme), para que pare de roncar, de tossir e de gemer "mamãe!" em sonhos.

Mas primeiro tentei de tudo, como a bolsa de água quente. Só que, mesmo colocando a bolsa do meu lado e dormindo quase na beira da cama (como um marinheiro em seu beliche), ele se queixava. Dizia que a bolsa "irradiava muitas calorias". Optei por deixar o gato subir na cama para que – pelo menos – esquentasse os meus pés. Mas ele, mesmo dormindo, percebia (porque é alérgico) e começava a espirrar. Eu nunca tinha visto um gato voador antes disso. Parecia *David Copperfield*. Dava-lhe cada patada, que parecia Maradona nas suas melhores épocas. Pequenas diferenças que podem transformar a vida conjugal num inferno. Ou a vida familiar. Porque durante anos eu tive que deitar meus filhos com um suéter gordo que a minha mãe lhes tricotou e amanheciam com as mãozinhas geladas e o narizinho vermelho como esquimós. E mais, mesmo que vocês não acreditem, meu sofrimento com o frio é mais patético no verão: ele dorme com o ar ligado em um milhão de frigorias, até formar estalactites. É a mesma sensação de quando eu era ainda adolescente e sonhava em correr numa moto com os cabelos ao vento: durmo com os cabelos balançando e uma gota insistente que cai do nariz. Pois bem, a gente vai ao terapeuta com estas "tolices" e ele diz: "Enfim, tenham quartos separados... Ninguém é obrigado a sofrer tais diferenças..." e eu pensei angustiada: "Mas então, eu me casei para isso? Para estar sozinha? Ao final de contas, vovó tinha razão quando dizia: 'Se você adora a solidão, casa'".

Quando antes de casarmos as mães nos dizem "Agora você vai ter que renunciar a muitas coisas", a gente supõe que elas falam de inveja, mas dizem a verdade. A gente gosta de filé mignon e ele, de peixe.

E você acaba olhando com bons olhos o badejo.

"Minha esposa e eu dormimos em camas separadas, jantamos em horários diferentes e tiramos férias ela em janeiro e eu em fevereiro; estamos fazendo de tudo para manter o nosso casamento."

RODNEY DANGERFIELD

Viver durante um mês igual a uma voluntária de um corpo de paz do Terceiro Mundo

Para certos homens, a idéia de férias perfeitas é: INCLEMÊNCIA. Por exemplo, meu marido é para mim um turista típico. Vocês sabem, os turistas são todos iguais: todos querem ir a lugares onde não haja turistas. Mas o meu marido, com esse seu amor descampado, passa dos limites. Nunca um hotel cinco estrelas, nunca Cancun ou St. Moritz ou as Ilhas Gregas. Não. Ele é: acampar em Santa Catarina com dez graus negativos, de *trailer* na Amazônia ou de carona do Rio até Piauí. Mas principalmente é água, navegar e fazer mergulho. Nós começamos a praticar navegação desde o primeiro instante em que nos entregaram o barquinho à vela. Nesse mesmo dia ele aceitou um convite para ir junto com outros barcos a Angra dos Reis. Lembro que eu disse a O.B., meu homem: "Mas você acha? Ainda somos inexperientes..." "Shhh, isso aqui é bobagem, eu sou um velho lobo do mar." Mas hoje, com tudo o que ele come, parece mais com um elefante marinho. Há pouco tempo ele aproximou-se de mim nadando embaixo d'água e quase me afoguei do susto. Não fosse a sunga, teria achado tratar-se de uma baleia, com aqueles olhos de ovo cozido me olhando fixamente. Cheguei à orla mais rápido do que se tivesse um *jet ski* entre as pernas.

A história é que inauguramos o nosso barco naquela travessia. Saímos da Bahia de Guanabara em uma imensa calmaria. Nenhum sinal de vento. As velas totalmente estendidas e todos assoprando para ver se o barco se mexia. Duas horas depois, um vendaval. E nós não sabíamos arriar as velas. Porque, para diminuir o pano num temporal desses, o barco deve ser colocado de frente para o vento. Portanto, íamos a mil por hora, com o veleiro deitado. Literalmente. A ponta do pau (mastro) tocava a água. Todos sentados no lado oposto, amarrados com arreios, as crianças – em pânico – chorando (naquele tempo tinham oito e dez anos). E meu marido incriminando: "Que família fresca que eu tenho! É só um ventinho". Só um ventinho? Hollywood não teria desperdiçado a oportunidade de rodar a segunda parte do filme-catástrofe TWISTER! O barco em si mesmo era vento. Eu pensava: "Em qualquer momento vai se transformar em avião e vamos sair voando". Os outros barcos do conjunto tinham se dispersado, mas nos ligavam desesperadamente pelo rádio, perguntando se estávamos bem, porque – evidentemente estavam nos olhando com binóculos – já imaginavam um final semelhante ao do filme TERROR A BORDO. Não podiam acreditar naquilo que estavam vendo. Era o primeiro barco da história que navegava com a quilha totalmente fora da água. Chegamos a Angra dos Reis em três horas e meia. Normalmente, esse trajeto demora oito horas e meia. No caminho passou de tudo. Não acabamos mortos por causa da famosa sorte do principiante. Embaixo, na cabine, voava tudo, e o meu marido dizia: "Desce e aducha (termo náutico para pôr em ordem) o que você puder". Parecia a demolição do Carandiru. Não tinha ficado nada em pé. Até as coisas de plástico estavam quebradas.

Mas depois disso, como tudo nesta vida, fiquei experta. Não tinha opção. Durante doze anos as minhas férias foram em cima de um barco. Com tudo o que isso implica: "Quem usou o vaso!", ele nos perseguia, vigiando as nossas evacuações e micções. "Eu, tinha que fazer xixi". "Mas você não entende que isso aqui não é uma cobertura na Zona Sul? A água do tanque não é inesgotável!" "E o que você quer que eu faça?", uivei enquanto as minhas lágrimas caíam (que não era choro, mas xixi, que lutava para sair por onde fosse). "Faz na água. Mergulha para nadar e faz." "Então para que diabos temos vaso?" "Para uma emergência."

Também fizemos a famosa experiência de alugar um veleiro em Saint Thomas, mas viver a bordo é *sempre* uma emergência, inconveniência, intoxicação por ingerir peixes venenosos que só os habitantes locais sabem que devem evitar... Jamais um negro que te faça massagens como no famoso comercial de cigarros, que há alguns anos mexeu com a cabeça de muitas mulheres. Mas o que eu não quero deixar de denunciar é quando, há muitos anos, o senhor teve a idéia de fazer mergulho nas Ilhas Maldivas. Aqui perto, no Ceilão. As águas mais cristalinas do planeta. Para os entendidos, o paraíso dos mergulhadores. E naquela época, um lugar verdadeiramente virgem. É a coisa mais virgem que eu vi na vida. As nativas sacudindo os peitos num *topless* perpétuo. Iam à missa em *topless*. Muito bem, o meu marido me levou até lá – segundo ele – para me afastar do estresse, das crianças, do telefone, da rotina (e da felicidade). E vivemos embarcados, outra vez. Num daqueles barcos que se conseguem por lá. Bom, barco... barco... Pareciam os restos de um naufrágio. Era semelhante ao do filme *A rainha africana*, com Humphrey Bogart e Katherine Hepburn. Mas menos limpo. O de *A rainha africana* comparado com o nosso, parecia uma sala de cirurgia. Eu juro para vocês que quando vi aquela lancha tive saudades do quarto do meu filho. Acho que *Steven Spielberg* ia alugá-la porque, com todas as baratas que havia ali, ele poupava a criação de maquetes para o seu filme BICHOS. Sem água, sem luz, sem nada. Na primeira noite estávamos ali esticados (eu, que antes tinha ido ao cabeleireiro, tinha feito as unhas e sou uma mulher que quando vai acampar, lava os tênis a cada dois dias); deitada num travesseiro sem fronha, com um cheiro suspeito a cachaça e uma serpente enroscada sobre a mesa de navegação. No meio da escuridão, murmurei para o meu amado: "Você vai dizer que eu sou louca, mas eu acho que essas pessoas não sabem muito desse negócio de turismo". Isso sim, depois do jantar havia baile como nos melhores transatlânticos: dançávamos com os mosquitos. Poucos imaginam, mas existem duas classes de pessoas: as que não atraem os mosquitos e as que os atraem. Eu pertenço não só à última classe, mas também tenho os tornozelos mais cobiçados do reino dos insetos. Mordem-me sempre ali. Voltei com as canelas parecendo dois *ossobucos*. Sem exagerar, nessas paragens remotas, os mosquitos têm o tamanho de um planador, mas não fazem barulho nenhum. Você só percebe que foi atacada no dia seguinte, quando você nota que o teu bronzeado empalideceu. Sugaram-te o sangue todo. Toda noite era a mesma coisa. Eu não podia dormir por causa da cobra, dos mosquitos e da raiva. E o meu marido, que me dizia: "Dorme". E eu: "Não até você me contar uma historinha". "Muito bem, qual?" "A mesma de sempre. A da qual é a razão para estarmos aqui." "Tudo bem, mas você promete que vai dormir. Nada de bate-papo, nem de beber água..." "Se não tem água", eu o lembrei.

Finalmente, depois de décadas, descobri a verdadeira razão pela qual ele me leva a esses lugares. Porque não existem os cartões de crédito!

"Se o meu marido realmente tivesse me amado, não teria se casado comigo."

VIVIANA GÓMEZ THORPE

Veranear com os sogros

Outra forma de deleitar-me com o descanso anual, que fascina o meu marido, é trazer seus pais para veranear conosco. A última vez vieram por dois dias. E ficaram quinze. Iam em direção a Belo Horizonte e passaram por São João da Barra. "Só para cumprimentar vocês, viu?" E nos fizeram o "favor" de ficar quinze dias.

    Acontece que se eu não compartilhar minhas férias com meus sogros, NÃO DESFRUTO. Durmo demais... Mas, quando eles estão, aproveito o dia. Acordo às seis da manhã. Estou aí, dormindo, e começo a ouvir: "Pam, pum, tong, ping". É a minha sogra, que anda na cozinha preparando o almoço. "Ah, não, minha filha, eu gosto de preparar a comida bem cedinho", diz. E começa a cozinhar a essa hora da madrugada. Aproveito para esclarecer o que significa "cozinhar" para a minha sogra: FRITAR! Você está dormindo e um cheiro fedorento começa a entrar nos lençóis... te envolvendo. Dessa forma, atraída por esse "aroma tentador", você levanta, olhos colados de sono e cambaleando, depois de uma noite de diversão. Você desce se equilibrando as escadas (porque foi dormir às quatro da manhã) e ela te diz: "Olha, querida, eu preparei uma comidinha saudável, porque todas as coisas que vocês comem fazem mal a teu sogro". Resultado? No dia seguinte estão os dois em estado comatoso e meu sogro, com cara amarrada. Ele sempre fica doente na minha casa e aproveita para me fazer sentir culpada. "Acho que esse azeite que você tem aí está estragado. Tua sogra está com diarréia e eu estou com dor na vesícula. Ah! E muda esse colchão, por favor, me deixou os ossos doloridos, estou completamente *escachatto*." Tudo isso já no segundo dia.

    Atenção: eu sempre aconselho que antes que qualquer incauta, qualquer amadora, tenha a idéia peregrina de compartilhar suas férias com os progenitores do seu marido, deve se fazer as seguintes perguntas, e respondê-las honestamente:

- Quando se casou, a sua sogra usava uma faixa preta no braço?
- O seu sogro considera que o filho casou "por tesão"?
- A sua sogra se pergunta como é que, de alguém como você, puderam sair dois netos tão bonitos?
- Você e eles têm algo em comum, além de habitar o planeta Terra?

É claro que eu me fiz essas perguntas há muito tempo. Mas eles não se importam com isso, eles vêm do mesmo jeito. Porque esta é a casa do *seu filho*, e a gente, "essa nova-rica que ninguém sabe de onde surgiu". Portanto, a resignar-se e estar disposta a assimilar todo tipo de costumes... diferentes. A mãe do meu marido, por exemplo, é capaz de falar dez horas sem parar. Se não tiver com quem, fala sozinha. Mais do que um "monólogo", o dela é um "catálogo". Em dois dias já sabia vida e obra de cada ocupante das barracas da praia: "Esta, Vivi, bota chifres no marido quando viaja ao Rio de Janeiro. Aquele casal lá tem um garotinho adotado. Tá vendo aquela mulher que vai lá? É mais nova que eu. Coitada, né?, parece muito mais velha. Mas você sabe que eu não gosto de falar..." Com a minha cunhada a chamamos de ORNITORRINCO, porque é o único mamífero venenoso.

Já o meu sogro é um homem de muito poucas palavras. Não tem tema. Vocês não sabem o tédio que são as sobremesas! Se não existissem os palitos de dentes, não saberia o que fazer. Sei lá! Somos de outra criação, outro berço (cada um, com a inteligência que Deus lhe deu, deduzirá a que estou me referindo). Por exemplo, o lema deste venerável patriarca é ACABAR COM O ÁLCOOL. E tem que acreditar nele. Em quinze dias ele acabou com duas garrafas de uísque e uma de conhaque. "Me faz bem para a pressão", defende-se. Outro dia respirou na minha nuca e descoloriu o meu cabelo.

Depois vem o assunto da ordem. Quem me conhece sabe que tenho um transtorno obsessivo-compulsivo com a limpeza, mas com eles seria algo assim como pedir que as pombas limpem as estátuas. Vocês sabem para que servem os cinzeiros, segundo o meu sogro?

Para jogar as cinzas se você não tiver um chão por perto. E não podemos lhes dizer nada, porque senão ficam com cara amarrada durante outros quinze dias. Ou sugerem ao filhinho: "Acho que tua mulher não gosta que estejamos aqui". Numa daquelas férias promíscuas, uma vez meu filho se queixou: "Mamãe, o vovô molha a tábua do vaso" (na realidade ele não disse "molha"). "Tudo bem, sh, sh, não fala nada e limpa a tábua, não seja coisa que teus avós fiquem chateados." "Não, eu tenho nojo." "Tudo bem, então vai fazer xixi nas dunas." A gente acaba tendo medo deles, porque eles te olham com essa cara de "coitado do meu filho, com que bruxa ele casou..." Acontece que meus sogros adoram o "neném". Sempre que ele mostre isso (pagando as contas, por exemplo). Eu devo ser a única mulher branca que ostenta o raro privilégio de ser parente de uma tribo de canibais: há quarenta anos que se alimentam da gente. A questão é que sempre fico desengordurando a cozinha (a minha sogra suja tudo e depois diz: "Tá vendo? Deixei tudo limpinho. Minha mãe me ensinou assim. Eu gosto de colaborar quando estou na casa dos outros..."). Sim, me ajudaram um pouco. Descendo da cama para que eu pudesse arrumá-la.

Mas eles não são maus. É a convivência que destrói tudo, porque – como diz o papai: "As únicas pessoas normais são as que não conhecemos muito bem."

"Como é que se faz para conseguir que um homem pare de te acossar sexualmente? Casando com ele!"

CINDY GARNER

Que educação sexual?

Mesmo que existam pessoas que insistam na idéia de propagar que "o sexo legal não interessa a ninguém", convenhamos: entre aqueles que pertenceram à geração dos anos 50 ou 60, o casamento era uma das concreções mais desejadas: o sexo. Ser livre para exercê-lo. A todo momento, em qualquer lugar. Prazer, luxúria, arrebatamento! Quanta ingenuidade! Porque, na verdade, quase todos nós chegamos ao casamento sem ter muita idéia do que se tratava. Até eu, que casei grávida (mas isso foi porque, como certos animais, não posso me reproduzir em cativeiro)... Comecemos a ver alguns aspectos deste excitante assunto.

Ontem a minha pequena sobrinha de nove anos me disse: "Tia, eu sei como se bota uma camisinha. Aprendi na escola". "Muito bem", gaguejei ficando pálida, "vocês têm educação sexual..." "Não, uma colega da sétima série me ensinou." Tive a tentação de lhe apresentar uma dissertação biológica sobre a plantinha e a sementinha e todos esses eufemismos que aprendemos como pais dos anos 70, quando era moda "falar de sexo" com os filhos, mas que, na realidade, o que fazíamos era recitar-lhes tratados de biologia. Mas ela adiantou-se. Disseme: "Tia, olha: se você for me falar das abelhas e outros animaizinhos, não esquenta, porque eu quero saber o que é *fellatio, cunnilingus,* o que se sente com um orgasmo..." "Minha filha, olha que dia bonito, por que você não vai patinar com as tuas amiguinhas?", mudei de assunto fugindo covardemente. "É melhor que tua mãe te conte isso. Eu não entendo muito porque pertenço à Idade do Gelo (quando a frigidez reinava sobre a Terra)".

Acontece que, terminemos com esta farsa, vamos ser sinceros: nós chegamos a adultas achando que o clitóris era uma parte da flor (como o estame e o pistilo) ou algum parasita dos animais. E se tivéssemos perguntado às nossas mães, elas teriam desmaiado. Por falta de prática, mal sabiam onde ficava. Portanto, tudo o que sabíamos de sexo aprendemos nos romances cor-de-rosa de M. Delly, em filmes românticos e muito tempo depois, com Masters e Johnson. Percorrendo as páginas daqueles romances, o herói e a heroína jamais o faziam até a página 225. E naquele momento, ela já estava "morrendo de desejo". O assunto acontecia inexoravelmente numa cama com dossel e lençóis de seda, onde o herói a ia despindo "com muita ternura, devagar, centímetro por centímetro". O cara sempre tinha um corpo perfeito, com todos os músculos no lugar (inclusive aquele), palpitando de desejo. Sempre fazia amor devagarzinho. O pré-esquentamento demorava 37 páginas. Ou seu equivalente: três dias. A virgem era sempre possuída contra a vontade (era imprescindível fingir isso) num grande arrebatamento de paixão (dele). Suas peles e suas carnes inevitavelmente acabavam fundidas num *crescendo* parecido com um terremoto. Leia-se orgasmo. Depois disso, o casal permanecia um nos braços do outro durante dias e dias, num arroubo de amor. Ah, meu Deus! Vivemos toda a nossa juventude numa nuvem de t...olices, porque, quando chegou a primeira vez, aconteceu o seguinte: o acontecimento dava-se no banco do carro ou no quarto dele, que cheirava a vestiário masculino de academia. Os lençóis não eram de seda e a cama rangia perigosamente, alertando a mãe, que estava com a orelha colada do outro lado da porta. O herói só tinha levantado a nossa saia até a cintura, tudo já tinha se acabado, estivéssemos de acordo ou não. O corpo do protagonista era pálido e suado (por causa dos nervos) e um pouco espasmódico (pela falta de experiência). E o pré-esquentamento? Estão brincando? Tudo ficava reduzido a beijo, beijo, empurra, empurra, grunhido (dele). Pronto. Isso foi tudo? Foi sim. Não acontecia contra a nossa vontade, mas de consentimento mútuo. O apaixonado diálogo prévio era mais ou menos assim: "Se você não deixar, acabou". "Está bem..." (com resignação). As peles e carnes fundidas neste caso consistiam em que o corpo desajeitado e com câimbras dele se prendesse ao nosso durante os três minutos que durava a "fabulosa experiência", enquanto a gente ficava pendurada de um abismo sem saber se caía ou não.

Quatro segundos depois ele pulava da cama, subia as calças e nos levava para casa perguntando: "Você gostou?" Esta cópula maravilhosa acabava com a gente se perguntando: "Me ligará novamente?" e rezando cem vezes o rosário para não ficar grávida.

A outra fonte de informação sexual de que dispúnhamos naquela época eram os filmes de amor. Especialmente os de Hollywood, que acrescentavam toneladas de confusão à nossa ignorância. Num filme daquela época, quando a garota "o fazia", inexoravelmente lhe acontecia o seguinte: o povo todo deixava de lhe falar. O namorado a abandonava deixando-a grávida. Ou pegava uma doença incurável em 24 horas. Não é de se estranhar que 80% das mulheres daquela época fossem frígidas. Não tinham alternativa. Um dos casais cinematográficos mais famosos daquele tempo foi Doris Day e Rock Hudson. A verdade é que essa dupla nos enganou de várias formas. Imaginem, Rock Hudson! Se ainda quando o vejo, digo: "Coisinha linda! Se isso é um invertido, quero casar com ele!". A história é que a mensagem naqueles filmes era claríssima: "Antes que tal coisa passe por tal buraco, deverá passar um anel no teu dedo". Para isso, Doris Day sempre tinha a providência do seu lado, que intervinha no exato momento em que estava por fazer "a porcaria". Justo quando ele a mantinha seqüestrada no seu *penthouse* maravilhoso, ela escapava porque "convenientemente" acontecia algum destes percalços: tinha um ataque de sarampo; a mãe dela telefonava; ele caía chapado de champanha; ou tocava a campainha e quem era? O marido dela, que tinha desaparecido havia alguns anos...

Depois vinha a Deborah Kerr. Em *Tarde demais para esquecer* ou *A um Passo da eternidade* – não me lembro – a coitada da Deborah fez planos durante um ano para a "grande porcaria", só para que naquele dia fosse atropelada por um carro e ficasse paralítica. E ficou ali, jogada no seu apartamento, vendo Cary Grant com binóculos numa altura de 30 andares, mais um ano. Até que finalmente ele a encontrou. Mas quando se jogou em cima dela babando, não sei o que aconteceu. Acho que se emaranhou sem querer nos aparelhos de paralítica e aconteceu com ele algo parecido ao acontecido com John Bobbit: se circuncidou sem querer. Foi essa a nossa educação sexual.

Afortunadamente nos anos 70 apareceram Masters e Johnson para nos socorrer. Era comum que os sexólogos agissem em par, para estimular a nossa imaginação sexual. Era difícil engolir que Virginia Johnson (dura e austera) pudesse nos ensinar qualquer tipo de orgasmo, com exceção do mais popular de todos: o *fingido*. Ler um desses volumes era como estudar para um exame final. Cheio de estatísticas e uma linguagem técnica que dava vontade de não fazê-lo *nunca mais*. A única coisa para que esse tomo enciclopédico servia era para quando a gente sofria de insônia. Como dormi com Masters e Johnson! Por isso, acredito, há tanta disfunção sexual ultimamente. O meu namorado não foi exceção. Não há muito tempo fomos a um sexólogo. "Doutor, meu marido me ameaça com uma aventura se eu não melhorar na cama", me lamentei. "Ele diz que sou pouco demonstrativa." "Mas vocês ficam no clima? A cena é romântica, com luzes tênues, aromas?" "Não sei, doutor; ele vem do banheiro com a cueca arriada, o único aroma é do cigarro que apaga no cinzeiro que está na mesinha de cabeceira, se coça um pouco, faz alguns sons que prefiro não reproduzir, acende todas as luzes e se joga em cima de mim como se eu fosse um colchão..." "E as preliminares?" "O que é isso, alguma nova loteria estadual?" "Beijos, carícias, palavras excitantes, a senhora sabe..." "Ah, sim! Eu tento, suspiro como Meg Ryan em *Harry e Sally – Feitos um para o outro*". "E ele reage a esses estímulos?" "Sim... me diz: 'Cala a boca, que com esse barulho não consigo ouvir o jogo.'"

Já sem esperanças, uma amiga me recomendou que, para melhorar a minha vida sexual, eu assistisse a qualquer filme protagonizado por Michael Douglas ou Sharon Stone. Mas não sei... sempre os evitei. Tenho medo de aprender algo irreparável.

"Como você chamaria a um homem que pretende transar no primeiro encontro? Lento."

CINDY GARNER

Qual é a parte mais insensível do pênis? O homem!

Às vezes eu vou almoçar com amigas. Lindas conversas! O mais parecido com um vestiário masculino... Acontece que há muito tempo nós, mulheres, conquistamos a liberdade sexual. Quero dizer, para falar. Porque no resto, nada mudou desde a época medieval. Apesar de toda a liberdade que possamos ter alcançado, não conseguimos o principal: o direito de articular o monossílabo NÃO! O direito de fechar as pernas, uf! A mulher que se rebela contra isso é analisada como um quadro clínico. E existe um monte de explicações de "psicologia barata" para demonstrar que o NÃO é patológico. Quando não temos vontade, todo um rosário de desqualificações cai sobre as nossas cabeças. A mulher que não quer (vamos supor que porque naquele dia morreu a mãe) é "frígida". Aquela que esfriou na última hora, talvez por ter observado a esse desconhecido tão maldotado usando cueca justa (que é algo assim como ter duas vagas na garagem tendo só um carro), não se salva de receber o mote de "histérica". E aquela que não alcança o clímax porque não foi suficiente o minuto e meio que ele demorou para alcançar o dele, carregará sempre o cartaz de "anorgásmica". Conclusão: a incompatibilidade é sempre culpa nossa. A partir daí, a dúvida fatal: "Ou faço, mesmo não estando queimando de desejo, ou fujo entre as sombras com o diploma de histérica embaixo do braço?". Todas nós passamos por esta situação alguma vez: primeiro encontro com um candidato. Densa atmosfera de sensualidade... Você, querendo degustar esse momento como a um bom champanhe, devagar, gota a gota. Então, acha que um pouquinho de conversa sem importância poderá servir para estender a coisa e gagueja: "Que lindo apar..." Jamais termina a frase. Quando tentou articulá-la percebeu que na sua boca tinha duas línguas: a sua e a dele. Esta última hospedada na boca do estômago. "E isso?", pensa, tentando lembrar em que filme da Cicciolina viu essa cena.

Ele também se mostra surpreendido. Porque, a partir desse momento, o que um homem médio espera é que a gente comece a gritar, espernear, soltar espuma pela boca, suar abundantemente e finalmente, ter um orgasmo. Mas de onde tiram os homens essa idéia tão retorcida sobre a resposta sexual feminina? Muito bem, a começar pelo bando de amigos, que se acham reprodutores e mentem muito. E dos filmes enlatados e das revistas eróticas, que são um catálogo de instruções erradas sobre o que nós, mulheres, gostamos (por exemplo, meu marido acha que nós gozamos se depois disso o Papanicolau deu grau III) e que muitos senhores seguem ao pé da letra. Eis aqui só algumas:

- O melhor lugar para fazer amor não é a cama, mas a banheira, a poltrona de um carro, o chão da cozinha ou a tábua de passar.
- Uma mulher só pode ser satisfeita se o homem é dotado de algo assim como uma mangueira hidráulica do tamanho daquelas que se usam para lavar aviões.
- A única posição que excita a uma mulher é: ela pendurada da varanda de um prédio a 15 andares de altura, enquanto ele a sustenta pelos seus saltos agulha de 25 centímetros.
- O orgasmo feminino dura aproximadamente 22 minutos e toda mulher experimenta pelo menos 16 deles durante a relação sexual.
- Toda relação sexual está incompleta se não participarem dela pelo menos três ou quatro pessoas.

Geralmente, quando se chega ao ponto que descrevi anteriormente (o do primeiro item), já é tarde demais. Só que a gente não quer se convencer, se sente culpada e segue em frente por ingenuidade. Mas não tem jeito. A única coisa que ele quer é lhe tirar o sutiã com os olhos injetados de sangue e a boca pingando. Só nesse momento é que a mulher toma consciência do desastre que se aproxima: a essa festança só foi convidada para ser o peru. Ou "peruzinho". A partir daí tudo se precipita. Enquanto a gente, sentada no vaso rogando que nos engula, se pergunta se essa mulher meio nua e com cara de recém-fugida de uma instituição mental, refugiada num banheiro alheio, é ela; ele – por sua vez – lá fora grita: "Caloteira! Histérica! Esquenta-braguilhas!".

Trata-se da velha e lendária incompatibilidade sexual. Falta de química ou falta de estimulação. Ou excesso dela. Acontece que o homem pode estimular a sua companheira com beijos e carícias durante duas horas, mas se não a toca onde, quando e como ela precisa, é como tocar a campainha na casa errada. Não serve para nada que nos deixem com o lóbulo da orelha vermelho e esticado como uma lingüiça, nem que nos perfurem o tímpano com a língua.

A falta de comunicação é outro fantasma que produz o *crack* erótico. Não poder lhe dizer (especialmente ao marido) o que a gente gosta, porque já sabemos que a resposta será: "Onde você aprendeu isso, piranha?". Ah, os maridos! Tampouco são muito destros com as mãos. A gente se aproxima sensualmente, procurando iniciar alguma coisa e, antes de perceber, já temos duas mãos apertando a nossa bunda. Dez dedos cravados, deixando a marca do seu patrão nessa parte. Depois de 27 anos de casada, tenho a parte de trás como um queijo *gruyère*. Mas nesta altura não vou pedir que ele mude. Já é sabido que um marido é igual a um cachorro velho: nenhum dos dois conhece truques novos. Mas para todos esses desorientados que dariam a vida para saber se a gente está curtindo, aqui vai um guia prático de eminente viés machista:

- Se tira o telefone.
- Se manuseia o pica-gelo, como Sharon Stone em *Instinto selvagem*.
- Se seu cabelo estoura em labaredas.
- Se grita um SAPUCAÍ enquanto bate a cabeça contra o teto.
- Se começa a fazer argolas de fumo apesar de não estar fumando.
- E, por último, se grita o nome de outro. Aí sim, hein?

Mas para esclarecer as coisas de uma vez, se nós casadas fôssemos dizer a verdade na cama, o que diríamos? Diríamos: "Dois minutos! Realmente, meu bem, isso deve ter te esgotado!".

"Beijo o chão que a minha esposa pisa.
É melhor do que beijá-la."

HENNY YOUNGMAN

Por que os maridos não beijam na boca?

Ontem eu estava num prédio comercial, esperando o elevador, e quando as portas abriram, tinha um casal lá dentro se beijando. Um longo beijo sensual que me deixou louca. DE INVEJA. "Que falta de vergonha!", murmurei para mim mesma, "vão ver quando casarem!" Um autêntico comentário de ressentida, de carente, de órfã de ternuras e sucções. Acontece que a única coisa da qual eu tenho saudade da época de solteira (além da felicidade, da liberdade e dessas coisas banais) é dos BEIJOS.

A partir do momento em que casamos, percebi que o meu marido só me beijava quando não tinha um guardanapo por perto...

Como todas as casadas, tive que aceitar que "beijar" é uma coisa que se faz com o namorado. Com o marido, não. Assim que o namorado se transforma em marido, ele sente que o beijo é um saco, um trabalho que lhe faz perder tempo depois de ter tirado a roupa. Não sei se estou sendo clara: o homem, depois de um tempo de casado, faz amor, mas não te beija.

O que é que acontece? Por acaso a gente tem lepra? Por acaso o anti-séptico bucal nos abandonou? Talvez ele tenha medo de que, ao beijá-la, a princesa com a qual casou se transforme numa rã? As minhas amigas também se queixam. "Beijar? Já nem me lembro como se faz. Se o meu marido tentasse, certamente eu me afogaria, porque não sei como beijar e respirar ao mesmo tempo."

É assim, amigas. Os homens não sabem como tratar a esposa. Quando precisamos de um gesto de ternura, eles nos beliscam a bunda; quando sentimos falta de uma palavra doce, eles soltam uma obscenidade.

Você se aproxima carinhosamente e na hora ele te agarra o seio. Eu não sei por que, quando nós queremos uma coisa, eles supõem que queremos outra. O encontro amoroso é como uma maratona. Quando percebo, tudo acabou, como se um trator ou um tanque Sherman tivesse passado por cima de mim... E ele, satisfeito, me pergunta: "Você curtiu?", enquanto eu penso: "Não sei... Por quê? Passou alguma coisa? Devo ter dormido..." Mas eu não falo isso para não ofendê-lo. Não há preliminares, nada. "Mas vocês não compartilham nenhuma outra carícia, algum carinho?", perguntou a minha amiga, aliviada ao comprovar que padecíamos do mesmo déficit de ósculos... "Sim, compartilhamos os dois minutos prévios (que é quando eu penso que, assim que tudo acabar, não posso esquecer de tirar a carne do *freezer*) e os dois minutos posteriores (que é quando ele boceja e começa a roncar)." "Então... nenhum beijinho?..." "Para quê? Se ele, como todos os maridos, pensa que beijar é uma bobagem inútil, a não ser que as bocas estejam totalmente abertas e as línguas se encontrem perto do esôfago do outro. Como uma espécie de ENDOSCOPIA LINGUAL." Eles não entendem que nós, mulheres, ficamos muito mais excitadas com a ternura do que com um órgão do tamanho dessas mangueiras hidráulicas que se usam para lavar os aviões, com uma suave e erótica exploração labial no lugar da extirpação das nossas amígdalas com um "lingüetaço".

Um dia eu pedi ao meu marido. Sim, implorei um beijo. E sabem o que ele me respondeu? "Você quer que eu te beije com essa boca que sempre me pede grana e me fala mal da mamãe?"

Na realidade, eu acho que isso de beijar a esposa, para os homens, é vergonhoso, quase feminóide. Eles se sentem ridículos beijocando a mãe dos seus filhos.

E, depois, existe a terrível herança atávica. Essa coisa do homem METEDOR, que só se aproxima da gente para uma coisa. Eu acredito que isso tem origem na biologia. Vejam vocês que a maioria dos machos, no reino animal, são criaturas bastante inúteis, que só servem para "isso". É uma compulsão. Não importa como, nem com quem, só basta que possua um orifício. Por exemplo, um moscão pode tentar fazê-lo com uma uva passa. E uma borboleta macho com uma folha que cai. Os sapos são capazes de se prenderem a uma pedra ou a um sapato que passa. A natureza os criou para que façam qualquer coisa para conseguir "aquilo". O homem não é uma exceção. E talvez a gente – que não é um animal – esteja necessitando de outra coisa.

Pelo que pude averiguar, são uma legião as esposas que por um beijo bem dado estariam dispostas a sair por aquela porta (olhem para a saída de emergência mais próxima), e abandonar tudo para nunca mais voltar. Porque O SEXO SEM BEIJOS EQUIVALE A UM ESTUPRO. A gente vai murchando de tristeza. Eu pensei até em pagar o meu marido, como aquelas mulheres da vida que têm uma tarifa: sem beijos, tanto, com beijos, mais.

Mas o que eu fiz foi de tudo para chamar a sua atenção: tratamentos de beleza, roupa sensual... Mas ele sempre o interpretou como um convite à luxúria mais selvagem. "Você está linda, vamos para o quarto."

Já desesperada, em nossas últimas férias na praia, eu fiz de conta que estava me afogando para que ele me fizesse respiração boca a boca e, assim, poder juntar os nossos lábios depois de vários séculos. Mas assim que ele percebeu que eu estava me refazendo, me deixou lá esticada, com a minha FOME DE BEIJOS. E ainda não sei por que, a praia inteira aplaudia.

Finalmente entrei na fase da resignação. A Fase das Telenovelas. Mas não assistia a nenhuma em particular. Fazia *zapping* na TV, formando uma gigantesca seqüência de beijos, que olhava embevecida. E também entrei – não posso negar – numa certa atividade vergonhosa: os romances cor-de-rosa. Os escondia no armário de limpeza do lado das vassouras e panos, como os alcoólatras, que escondem as garrafas. Acabaram me aborrecendo. Portanto, agora o meu livro de cabeceira é *Menopausa erótica*.

Enfim, como diz a minha tia: "Para uma mulher, o primeiro beijo é só o fim do início; já para o marido, é o início do fim".

"Antes do casamento, um marido permanecerá acordado a noite toda pensando em algo que você disse; depois do casamento, estará dormindo antes que você tenha acabado de dizê-lo."

HELEN ROWLAND

Eu quero à noite e ele quer de manhã

Hoje amanheci cansada. Meu pequeno e frágil hipotálamo (o órgão que se encarrega de indicar aos berros se você está estressada) já desapareceu. Desintegrou-se. Reabsorveu-se, como o colágeno que uma vez coloquei nos meus lábios para ver se isso despertava no meu marido a vontade de me beijar – caríssimo e que depois de dois meses já tinha sumido. Acontece que ontem à noite organizei uma pequena brincadeira noturna. Particular. Porque de noite é inútil pretender que o meu companheiro de cama note a minha presença. Então, para me distrair, comecei a colocar o guarda-roupa em ordem até as sete da manhã. Aí a minha insônia já passou, porque já era hora de acordar. Noites alegres, tristes manhãs, diz o ditado...

O que ninguém sabe é que, mesmo que as minhas noites não sejam precisamente alegres, durante décadas as minhas manhãs foram tristes. Acontece que eu... – como colocar em palavras? – vivi toda a minha vida ao lado de um senhor que padece de uma doença crônica: "PA-PAROSIS" MATINAL (de fato, dá para acrescentar um "U", formando a palavra PAU, mas assim soa mais europeu, mais chique, como OSTEOPOROSE ou qualquer doença atual).

Mais de uma vez devem ter ouvido uma casada queixando-se: "Eu quero à noite e ele quer de manhã". "Isso", já sabem. Não me façam explicar. "Fazer uso", como diziam antigamente. A avó do meu marido, que era muito antiga e intrometida, me perguntava: "Quantas vezes por semana o meu neto lhe incomoda?". "Sendo sincera, me incomoda todos os dias!" De madrugada!

Quando a gente está namorando, este inconveniente não existe. Qualquer hora é boa. Qualquer lugar é perfeito: o jardim, o carro, o elevador. A gente é capaz de fazê-lo até andando nos fios de luz. Um olhar é suficiente para acender a fogueira. Mas depois de muito tempo de casamento, se produz, inevitavelmente, a falta de sincronização do relógio sexual. A gente quer à noite e eu não sei por que, mas o senhor sempre quer de manhã. E não tem nada pior – para esfriar uma mulher – do que o homem se jogando como um *Bart Simpson*, quando estamos congestionadas, com a língua pastosa, os cabelos emaranhados e os olhos colados. Sentimos que estamos com o mesmo nível de sedução de uma ameba. Além disso, tanto exercício em jejum me produz hipoglicemia. Acredito que somos muitas as que odiamos fazê-lo de manhã. Acontece que assistimos a muitos filmes e temos a cabeça cheia de infelizes ilusões, imagens românticas. Luz tênue, música, aromas, champanha... Não há nada melhor do que a noite para fazer amor: os filmes o dizem... Mas quando passamos do celulóide à rotina doméstica, sujou tudo.

Os maridos, à noite, vão para a cama somente para recuperar-se das fadigas do dia (que podem incluir ter ido para a cama com a secretária). E eu não sei se é a vida moderna, a tirania dos horários, o estresse. É só ver as caras desses homens no metrô às sete da tarde, para saber que ESSA NOITE NÃO. "Esta noite não, amor. Eu tive um dia muito difícil, estou cansado, quero ver o jornal, as minhas costas estão doendo." É quase um paralítico na cama.

Mas na manhã seguinte, esse mesmo homem se transforma num animal sexual. E não é porque se sente dinâmico e descansado. Não! É porque a culpa que sente por não ter "atendido" a sua esposa na noite anterior, faz com que queira aproveitar esse reflexo físico matinal – que todas conhecemos e que nada tem a ver com o desejo sexual – e então aparece sacudindo "aquilo" na mão, como dizendo: "Mas você vai perder isso, querida? Hein?". Como se fosse o maior pacote de ações de WALL STREET e que, se não tirarmos proveito, somos bobas. "Viviiii... Olha o que eu tenho aquiiii...!", exibe orgulhoso o que tem.

Além disso, quando ele oferece, se a gente não aceita, é briga na certa. Então, por inércia, para evitar a cara amarrada dele durante as próximas duas semanas, a gente aceita. Caso contrário, você é frígida, histérica, estranha e, ainda por cima, te ameaçam dizendo que vão procurar outra.

Então, como fazer para lhe dizer que você está farta de fingir que vê as estrelas, quando na realidade está mais fria que a geleira Perito Moreno, na Argentina, e pensando que ontem à noite você esqueceu de dar o antibiótico ao cachorro? Não. Você o faz acreditar que você está no observatório El Yunque, em Porto Rico, vendo todas as constelações, a VIA LÁCTEA, ORION... Afinal de contas, ele não se importa com isso. Para ele, o sexo é uma coisa que está diretamente relacionada ao café da manhã: leve e morno. Ou seja, algo insosso, mecânico e desbotado. Mas a gente gostaria de um café com leite com torradas, marmelada e ovos mexidos. BEM MEXIDOS.

Bem, eu, que sou virginiana, portanto muito cuidadosa e estruturada, passei anos acordando escondida às seis da manhã para escovar os dentes, me maquiar, me pentear e tirar qualquer pêlo que tivesse crescido durante a noite em qualquer lugar do meu corpo (parecia um desenho do Papa-Léguas), para depois deitar novamente e, quando ele abrisse os olhos, me encontrasse felina e arrebatadora. Mais de uma vez, quando cheguei à cama, ele já não estava lá. Porque justo naquele dia tinha que ir até a Tijuca para visitar um cliente, ou tinha um jogo de *squash*.

Eu não sei por que tanto preparativo, tantas horas na frente do espelho para conseguir esse "*look* natural" e essa escova como se tivesse dormido sentada... Ele nem percebe. Se joga em cima, cobrindo-te o rosto com o teu próprio *baby-doll*, que você comprou para impressioná-lo e que custou uma fortuna. E tchau! Lá se vai o penteado, a maquiagem... Pelas lágrimas que caem porque, além disso, ninguém pode respirar se tem o rosto coberto.

E o que ele diz? "Mas meu amor, se você está divina..." Ele fala isso sem te olhar nos olhos. Olhando da cintura para baixo!

E nem pense em lhe dizer choramingando: "Mas, se coloca no meu lugar", porque, você sabe qual será a resposta? "Está bem. Vem você por cima..."

"Qual é o método anticoncepcional do meu marido? A sua personalidade."

SUSAN SAVANNAH

Odisséia conjugal no motel

Ontem tive pesadelos. Lembrei nos sonhos de um evento memorável: o dia em que meu marido teve a idéia de me levar a um hotel "daqueles". Um desses lugares que – quando você está no melhor da coisa – toca a campainha indicando que você tem que ir embora. Ou pagar. Uma hora extra de amor, tanto. Não tenho nada contra esses lugares. Mas não para ir com o marido.

De qualquer maneira, ninguém está isento. Afinal de contas, são tantos anos de tédio, que mais cedo ou mais tarde alguma amiga mais esperta vai te aconselhar: "Mas você é uma babaca... você tem que arrastá-lo até um motel e você vai ver como acordará o índio que há dentro dele! E você vai virar uma ninfomaníaca. Você não conseguirá se reconhecer. Vai dizer: 'Mas eu sou essa fera? Essa gata atômica?' Para reviver a relação é fundamental tentar coisas novas. Que ele te sinta como uma mulher diferente...".

Eu achava esquisito, extravagante... Com o marido a gente vai ao supermercado, ao viveiro, à casa dos sogros. Mas lá... gente adulta... com filhos adolescentes... com rugas enormes... achava infantil essa "viagem". Como as crianças que, quando se fantasiam de alguma coisa, acham que são AQUILO. "Uau, sou o SUPER-HOMEM, sou o SUPER-HOMEM!"

Bem, seguindo os conselhos da minha amiga, comecei a cutucá-lo, e eu sou muito "*cutucadora*". Vez ou outra eu provocava: "Você não tem coraaaaaaaaagem? Marinete diz que é fantástico. Que nós somos de outro século...". Até que um dia ele me "deu a satisfação". Vínhamos pela Via Dutra e, de repente, ele freia e sai da estrada. "O que você está fazendo?", pergunto. "Você queria *baile*?", me diz, "agora você vai ter". E de repente estava eu em pé, na frente de um cartaz luminoso que dizia VOCÊ E EU. "Pára, insensato, vamos embora, eu não falava sério", eu tremia como vara verde. "Ah, não? Muito bem, agora é tarde." E entrou na fila! Que vergonha! Eu fui deslizando no banco do carona como queijo derretido, até ficar como uma bolinha no chão do carro. Mas sem deixar de ter visto antes todas as pessoas dos outros carros, usando óculos escuros... à noite! E todos disfarçando, como eu. De repente, vejo que ele cumprimenta alguém de outro carro. "A quem você está cumprimentando?!", espantei-me. "Não, é o Rodrigues..." "Quem é Rodrigues?!" "Um cliente, que está com uma garota." "Você está maluco? O que é que ele vai pensar de mim?" "Nada, se não te conhece." "Mas não importa. O que ele vai dizer do fato de você ir a um motel com a tua esposa?" "Ele não sabe que você é a minha esposa..." Nessa hora eu quis matá-lo. Aos maridos a gente não deve fazer certas perguntas, para evitar ficar sabendo coisas que preferiríamos ignorar a vida toda. Mas de nada adiantou que eu procurasse brigar para fugir. Sem mais nem menos, me obrigou a entrar.

Bem, a mesma cenografia de todos os motéis. Se bem que agora são superluxuosos. Como mudaram as coisas nestes últimos 20 anos! Cama redonda, brinquedos por toda parte. Uma coisa comprida que eu só consegui associar com uma maca ginecológica ou uma tábua de passar roupa, mas não, é ali onde ele nos "passa". Comecei a ficar tonta. Eu não sei por que, mas apesar do cheiro penetrante de desodorante no ambiente, esses lugares sempre me deram a sensação de mofo, de umidade... Claro, não têm janelas. Nunca são ventilados. Trata-se de uma cela.

Fiquei ali dura como uma estaca, examinando as minhas cutículas sem ter nem coragem de sentar nessa colcha. Acontece que – se bem que pareceu limpinha – tenho certeza que um médico forense poderia encontrar rastros de DNA, cabelos e partículas de vidas alheias. Também há espelhos por toda parte, para aqueles que precisam se admirar. Tudo muito bonito. Mas com o marido, não.

Esses pneus (os dele e os próprios) a gente já conhece de cor. Não precisa compará-los nos diversos espelhos, de frente e de lado.

De imediato, ele começou a brincar com os botões na cabeceira da cama, onde é selecionada a musica ambiente. Para aqueles que funcionam com música. Mas naquela época (isso aconteceu há alguns anos), eram baladas murmuradas por conjuntos especializados em música "amatória", com nomes misteriosos do tipo "Os Anjos Negros". Hoje em dia acho que colocam o Wando. Ou pelo menos, artistas que a gente conhece.

O mais surpreendente é que, por trás de um painel de vidro, estava o banheiro (para não perder de vista o teu amante mesmo quando faz as suas necessidades). Que calor! Eu estava apertadíssima, mas lá não ia fazer mesmo. Portanto, fiquei em pé, me balançando de uma perna para a outra, enquanto ele colocava o filme com o tema que obviamente fazia referência ao motivo pelo qual estávamos ali. Então, sai correndo. "Por aí não. Isso é um guarda-roupa", ele me advertiu. Decidi lembrar que, quando tudo acabasse, ia lhe exigir que me explicasse como é que ele sabia que ISSO era um guarda-roupa. E fugi por uma porta lateral para um corredor, com a desculpa de encontrar um banheiro mais privativo. Num instante, me vi numa garagem, morrendo de medo que alguém me descobrisse, quando de repente – ai, meu Deus! – uma voz me cumprimenta: "Como cê tá, dona Vivi?" Era Alexandrina, minha antiga faxineira, que me odiava... "Não, não, eu vim fazer uma matéria", menti, "você sabe onde há um banheiro?". Entrei no banheirinho dos empregados que ela me indicou e ali fiquei olhando fixo o vaso que (mesmo estando desinfetado com CREOLINA) nem morta iria sentar ali. Portanto, corri novamente até a suíte cobrindo o meu rosto com a bolsa e contraindo o esfíncter.

A primeira coisa que eu ouvi quando entrei foram uns sons ofegantes, como se estivessem matando um javali. Era o filme erótico. Meu homem ali, esparramado na cama, como Deus o trouxe ao mundo, estava passado. "Vem cá, benhê, vem ver isso!" "Não, me deixa, a minha bexiga está estourando..." "Vem cá com papai, que em dois minutos você esquece que tem bexiga...", me disse com voz de *hamster* ardente. "Para quê?", respondi ao ver a tela toda ocupada pelas duas bolas mamárias da protagonista, que estava deitada com as pernas colocadas cada uma em dois fusos horários diferentes, "para que, quando estivermos no melhor momento, você me chame de Tracy ou Jennifer?". Porque, na realidade, o que os homens querem é fazê-lo com a mulher da telinha. Mesmo que ele me diga que gosta de mim, com uma voz horrorosa, eu sei que ele não me vê parecida nem um pouco com a Tracy ou a Jennifer. Por que os homens querem olhar para outra e fazer amor conosco? Porque estão casados.

Tive uma sensação triste e terminal: como é que tudo isso, que é tão perfeito e maravilhoso quando você está com um amante, passa a ter um sabor de adultério quando você está com o marido, como que se os dois estivessem tentando imaginar que o outro é outra pessoa. E é outra pessoa! Alguém que você preferiria não conhecer, porque você descobre que há muitas coisas dele ou dela que você não sabe, desejos, necessidades que nunca te contou, e uma múltipla personalidade digna de um estudo psico-sociológico.

Agora há uma abertura enorme e os casais se permitem procurar todo tipo de alternativas para que a paixão não esmoreça e para serem mais felizes. Mas é uma procura enganosa. Na realidade, nenhum dos dois quer ver o outro no desenvolvimento total dos seus instintos. Por algum motivo, o casamento, com seu halo sacrossanto, eu suspeito que se opõe a isso. E ele, especialmente, é quem menos quer nos ver desse jeito, apesar de pretender demonstrar o contrário.

Igualmente, tentamos não desperdiçar a ocasião e satisfazer outros instintos: acabamos comendo pizza.

Porque eu, precavida, tinha levado uma pizza!

Pelo menos comprovei que o amor platônico é possível. Mas somente entre marido e mulher...

"Os maridos são como as fogueiras, apagam-se se são desatendidas".

ZSA ZSA GABOR

Um encontro clandestino com o marido

Quando terminei de escrever todos estes capítulos sobre sexo, me aconteceu uma coisa que me deixou nervosa antecipadamente: hoje ele me convidou para almoçar! Mas não a um desses lugares por quilo, onde costumamos ir com toda a família e onde meu prato favorito é "qualquer um que esteja limpo". Não, não. A um lugar elegante. Os dois sozinhos... Eu disse: "Pronto! Ele vai me dizer que os exames mostram que lhe resta um mês de vida. Ou vai me pedir o divórcio. Das duas, uma". Porque o meu marido jamais me convida para almoçar num dia de semana... E se alguém o visse? Imaginam que vergonha? "Cara, quem era essa mina com quem você estava almoçando?" e ter que responder: "Minha esposa". A verdade é que ele só sai para almoçar por assuntos de negócios. Com a arquiteta Fernandes, a financista Vilela e as promotoras Grazielle, Ximena e Andréia (média de 17 anos de idade). E com a sua secretária Betti, que aprendeu a digitar pelo alfabeto Braille, porque não consegue ver as teclas (tem 110 de peito). Portanto, ela é uma excelente datilógrafa "ao tato". Assim que o meu marido a viu, exclamou: "Está contratada". E imediatamente acrescentou: "E agora, o que acha se falarmos de um aumento de salário?" Que coisa, os peitos! São como os trens elétricos: supõe-se que são para as crianças, mas papai sempre acaba brincando com eles.

O negócio é que me sinto estranha. Além do que, não estou preparada. Diante de um evento desse tipo, eu tenho que fazer dieta pelo menos quatro dias antes para que não me aconteça o que aconteceu da última vez (em 1983). Quando cheguei ao encontro, a minha cara era da cor cinza, meus olhos pareciam os de Lúcio Mauro Filho (dois ovos saindo para fora), e não conseguia movimentar as pernas: as meias eram tamanho P e tinham cortado a minha circulação. Havia uns seis anos que eu andava só de calças e camisola. Meias, não mais. Naquela ocasião, fui eu quem teve a idéia de almoçarmos juntos.

Porque, como a maioria das mulheres, eu luto para manter acesa a chama da excitação pela qual me casei. Para isso lhe inventei uma história. Uma mentirinha piedosa. Eu lhe disse que tinha uma amiga que todas as sextas-feiras se reunia com o marido – clandestinamente – para almoçar. Ela ia no carro dela, e ele no dele, e refugiavam-se num escuro e íntimo restaurante. Pediam a mesa dos fundos e lá ficavam, de mãos dadas, devorando-se com o olhar. No estacionamento, depois da aventura, ela lhe murmurava: "Vou ver se na próxima sexta consigo fugir...". "Coisas de velha entediada", disse ele zombando. "Sim", respondi eu, "tão entediada que alguns dias atrás ela viu o Pedro de Lara e se jogou nos braços dele". "Quem pode estar tão desesperada?" "Eu", respondi. "Por que não podemos acrescentar uma pitada de romantismo à nossa relação?" "Me sentiria ridículo", confessou ele, mas ao ver a minha cara de desilusão, topou: "Tudo bem. Te encontro no Leblon uma hora da tarde". Me vesti cuidadosamente (demorei cinco horas), sentindo-me feliz e malvada ao mesmo tempo. Estacionei o carro e corri em direção a ele em câmera lenta. Ele me penetrou... com o olhar. "Ai, vocês não sabem como me cravou... os olhos! Intensamente." (Eu pensei: "Este homem não agüenta até que acabemos de almoçar".) "O que você está pensando?", lhe perguntei com voz sensual. "Você trouxe teu AMERICAN EXPRESS? Porque se não, vamos ter que almoçar perto do meu escritório, onde como todos os dias. Lá eu tenho conta." "Diabinho", disse eu, "não sejas tão apaixonado. Espera estarmos sozinhos para dizer essas coisas". "Que aconteceu com o pára-choque? Outra árvore bateu em você?" "Temos que parar de nos encontrarmos assim. Toda semana eu digo: 'Hoje eu não vou', mas quando chega a hora, sou fraca e me rendo ao desejo e me arrasto até você", continuei. "Quê? De novo estão te incomodando os calos? Você não está com a cara boa. Talvez você esteja precisando de um laxante." "É a maquiagem, amor, tudo para você. Você não nota nada diferente?" "Você tem uma alface no dente." "O perfume, bobo. Não vou usá-lo mais até você me prometer que vai se comportar direito." "O que você vai comer?", perguntou ele. "A menos que você esteja por demais apaixonada para comer". "Você está louco?!", respondi pegando o cardápio. "Pede para mim um filé à *parmeggiana* com arroz, feijão e batata frita. E de sobremesa um pudim com doce de leite".

Desde aquela vez até hoje, acho que saímos para almoçar juntos mais duas vezes. Sempre por iniciativa minha. E ele o tempo inteiro com o mesmo entusiasmo de quem está para entrar numa cirurgia do maxilar.

Enfim, a gente não sabe o que é felicidade até casar. E, então, já é tarde demais...

"Deixei instruções no meu testamento para ser enterrado ao lado de um médico."

HENNY YOUNGMAN

A hipocondria masculina

Tive que interromper nestes dias a realização deste livro para ficar ao lado da cama do meu marido, que sofreu um acidente: cortou o dedo com a margem de uma folha de papel. Acontece que ele "somatiza" muito. Vocês já sabem como é isso. Se um dia acorda se sentindo bem, telefona para o médico para ver o que é que está errado. Este homem leva sempre um termômetro com ele. Usa-o até para mexer o café. Portanto, de imediato começou: "Liga para o médico, liga para o médico. Liga para o dr. Molaro, que tem mãos mágicas (isso é verdade, porque toda vez que ele te toca, somem 100 reais). Então veio a Unidade Coronária, com todo o mico que isso implica (dar explicações aos vizinhos, etc.). "Eu pago", disse ele, "portanto, tenho direito a usar esse serviço". Que vergonha! Os médicos zombavam de mim: "Mas senhora, como é que demorou tanto para nos telefonar? E se surgia uma gangrena?" Bem, fizeram os curativos, enquanto ele começava com o que eu chamo de RECITAL DE ÓRGÃO: me dói aqui, me dói ali. "Acho que peguei uma gripe, porque outro dia falei por telefone com alguém que estava resfriado." Justamente! Ele jamais falaria por telefone com alguém que estivesse resfriado, e se tem que ficar perto de uma pessoa assim, corre para se automedicar. Está tão cheio de penicilina, que espirra e cura um monte de gente.

Quando os médicos foram embora, lhe perguntei: "Como você está se sentindo?" "Um pouco fraco, a minha pressão baixou um pouco..." "Não fica preocupado: quando você olhar o recibo do médico, você vai se curar, meu amor." "A única coisa que importa é que estou feliz de estar 'quase' vivo. Te contei que fiquei acordado durante toda a cirurgia? Não me deram nem anestesia! Por que não veio o dr. Molaro? Ele é o único que pode me botar de novo de pé." "Você pode ter certeza disso, porque para pagar o dr. Molaro você vai ter que vender o carro." "A verdade é que toda vez que recebemos a conta deste doutor, compreendo por que os médicos usam máscara".

Enfim, ele ficou ali, na cama, mais desvalido do que um passarinho, como sempre, se autodiagnosticando. "Se não tomarmos cuidado, isso pode se transformar numa septicemia. Se alguma coisa me acontecer, casa de novo." "Tudo bem, vou te dar um analgésico." "Não! Calmantes, não. Quero estar consciente da dor. Alerta para saber o que me acontece. Disfarçar a dor é perigoso, eu prefiro sofrer."

Caramba! Justo eu, que sou tão medrosa com os médicos, que vou somente quando já devem me dar a extrema unção, tenho um companheiro assim...

Acho que já comentei anteriormente que há pouco tempo ele comprou uma caminhonete, mas o que ele realmente teria gostado de comprar é uma ambulância. No dia do nosso casamento estava superemocionado porque o anel lhe apertava o dedo como um TORNIQUETE. Mas o realmente incrível é que ele adoece sempre em determinadas circunstâncias. Por exemplo, um acontecimento provocador de HERPES, PALPITAÇÕES e SUDORESE ÁCIDA é a reunião familiar: quer dizer, se a minha família vem, ele receita a si mesmo um período mínimo de 48 horas (sábado e domingo, geralmente) de isolamento, até que tenha passado o perigo de socializar com toda essa corja de... parentes contaminados. E nem falar da SÍNDROME DE VIAGENS E AEROPORTOS. Que curioso! Toda vez que viajamos, lhe aparece a mais fulminante das lombalgias. Enquanto ele se curva de tanta dor, as suas mãos segurando o sacro-ilíaco, eu levanto as oito malas, tiro elas do carro e as arrasto até o terminal aéreo, observando como ele se contrai espasmodicamente pelo fato de levar a minha carteira entre os dentes.

Qualquer outra tarefa que lhe seja solicitada, desde dar banho no gato até transplantar a begônia, resulta impedida por notórios ataques de lombalgia e ciática que aparecem e somem convenientemente. "Eu adoraria te ajudar a dar banho na Mimi, meu amor, mas você sabe que eu tenho alergia a pêlo de gato." Ou "A begônia não, benhê, você sabe que eu sou sensível à clorofila e me inflama o cérebro". A gente deveria lembrá-lo de que, se não ajudar, poderia sofrer uma inflamação muito mais grave: inflamação de fuça por efeito de soco. Mas ele resiste a descer a esse nível.

    O surpreendente, o maravilhoso, é presenciar como todas essas indisposições se curam magicamente assim que os seus amigões telefonam para convidá-lo, suponhamos, ao Maracanã. Aí sim, se sente forte como um touro: quatro horas embaixo dos raios do sol no verão ou embaixo de chuva e vento no inverno. Só quando o último torcedor abandona o campo – nesse instante –, ele pede a máscara de oxigênio porque tem dor no peito, enjôo e uma dor que irradia pelo braço esquerdo. Coitado... Ele é assim porque vem de uma família doente. O pai é alérgico, alérgico ao trabalho. A mãe foi vetada no banco de sangue: pediam plasma, não asma. A irmã toma tantas drágeas vermelhas, verdes e amarelas, que poderia muito bem dirigir o trânsito. E ainda por cima têm mais uma boca para alimentar: a lombriga solitária da Nona. Sério. Toda vez que a gente toca a campainha na casa dos meus sogros, ninguém abre a porta. Sempre estão em posição horizontal. Viver com um homem que está constantemente adquirindo a doença da semana não é fácil. Algumas vezes pensei seriamente em estudar medicina. Não só para poupar alguns milhares de dólares, mas para salvar a vida, não a dele. A do médico, porque toda vez que eu telefono para ele, diz que vai se matar. "Você não se preocupa com a minha saúde", queixa-se o meu marido. Não é verdade. Podem não acreditar, mas estou preocupadíssima: é boa demais. E agora vou indo, porque tenho que comprar um cateter para o meu marido beber o café.

"Quando um homem se sente necessitado, foge."

DR. JOHN GRAY

Na saúde e na doença

Hoje estou maravilhosa! Depois de verificar uns sulcos imponentes feitos à mão (pelos meus seres queridos, motivo pelo qual são uma lembrança de família) embaixo dos meus olhos, umas olheiras do demônio, bah!, e esclarecer a todo mundo que não é uma nova forma de maquiagem, mas esgotamento, me arrastei em quatro patas até o computador para continuar escrevendo. Acontece que estive doente o fim de semana inteiro. Com as conseqüências que isso traz nesta sociedade machista, onde o lema parece ser: "ELA ESTÁ GRIPADA, MATEM ELA". No dia em que o movimento feminista vier a defender a igualdade de resfriados, me verão também com cartazes na rua. Por enquanto, não há igualdade de resfriados. Toda vez que cai meleca do seu nariz, O.B., meu marido, se enfia na cama durante uma semana, liga para uma junta médica, me faz enviar as crianças a outro Estado, pede um padre e instala uma emergência permanente na porta do seu quarto (eu!). Pois bem, semana passada, amanheci suada e com o cabelo colado na testa, o peito duro, afônica, a garganta ardendo e os ossos pedindo cama. "Não estou me sentindo bem", disse. "Na verdade não quero ser dramática, mas acho que estou morrendo". "Isso significa que você não vai levantar?", impacientou-se ele, olhando o relógio. "Você não entende? Estou com dor de cabeça, não posso respirar, tenho a língua pastosa e é só uma questão de minutos para eu ir embora para o céu." "Tudo bem, eu me sinto assim quando durmo até tarde." "Mas são seis e meia da manhã!", protestei.

Pouco depois aparecem meus filhos: "Como, outra vez doente?". "Sim, uma vez em 1981 e outra vez agora." Meu Deus do Céu! Para ter o direito de ficar doente, a mulher tem que estar em estado de coma. Caso contrário, ninguém acredita. Um resfriado? O que é isso? Você não vai ficar na cama por causa de um simples resfriado! Péssima mãe! A última vez que tive um resfriado, em 1981, tive que fingir que estava mais grave para que a minha família me respeitasse. Cobri com uma venda um dedo, bem gordo, e desenhei um traço azul na face interna do braço, até o cotovelo: "Olhem, crianças", disse para os meus filhos, "um escorpião me mordeu e a ferida infeccionou. E o médico disse que quando esta linha chegar até o coração, mamãe vai morrer. Então, para que isso não aconteça, tenho que fazer repouso absoluto. Ah! E não saiam no jardim, porque o escorpião está lá". Dava pena vê-los, coitadinhos. Ficaram durante dois dias quietos como múmias, sentados na sala, petrificados a ponto de chorar e, toda vez que começavam a fazer barulho, eu me desenhava o traço um pouquinho mais em cima e lhes dizia: "Estão vendo? Vocês gritaram e o veneno avançou. Sh!" Acontece que, desde o momento em que acordavam e percebiam que eu ainda estava deitada, entravam no meu quarto com o cachorro e ficavam os três ao lado da minha cama, me olhando fixo, como quem observa uma baleia encalhada. "Eu acho que escuta", dizia um, "movimentou os cílios". "Por que não mexemos nela e perguntamos o que queremos?" "Está cobrindo o rosto. Começa a tossir. Toma o pulso dela", dizia o outro, enquanto com seus dedos pegajosos me abria um olho. "Mãe, você acordou?" Ou, quando eram bebês, meu amante esposo me jogava um pacotinho coberto com uma mantinha, dizendo: "Aqui está o bebê da mamãe!" (todo mundo sabe que quando o bebê do papai se transforma no bebê da mamãe, o neném está encharcado e pingando).

Tinham uma imaginação para me obrigar a sair da cama... Uma vez colocaram uma rã no meu peito e quando pulei como uma mola, paralisada, me perguntaram: "Mamãe, você tem feijões para a germinação?"

Achei que, quando crescessem, isso mudaria. Compreenderiam: mamãe está doente. Paz. Ponto. Neste fim de semana tive a distinção de ser a primeira mãe seqüestrada por dois adolescentes e Axel Rose. Como não podia sair da cama, não pude fugir. "Fique na cama, a senhora tem dois filhos garotões que podem atendê-la perfeitamente" (meu médico também escreve esquetes humorísticos para programas de televisão). "Vou deitar", anunciei, "se precisar de alguma coisa, eu chamo vocês."

Eu deveria ter dito: "Papai está pensando em comprar uma BMW para cada um de vocês, nos seus aniversários". Nenhum dos dois ouviu nada. Um estava rígido, com os olhos vidrados de tanto enterrar a cabeça na televisão, e o outro tocava uma bateria imaginária com o fone na orelha. Consegui dormir um pouco e, de repente, acordei com um estrondo que me fez sentir como se tivessem me colocado na cápsula de ressonância magnética. Tinha o cabelo em pé e eletrificado por causa dos decibéis. Levantei cambaleando e ao primeiro que encontrei, perguntei: "O que é isso?". "Isso o quê?", respondeu meu filho. "Esse barulho!", uivei jogando as minhas amígdalas no rosto dele. "Ah! Não é bom? É 'massa', viu? É o CD de um filme." "Sim, a trilha sonora da destruição de Oklahoma", retruquei. "Não, de TERMINATOR, são Guns'N Roses".

Durante todo o fim de semana não ouvi nenhuma voz humana. Só guitarras, guitarras, guitarras. Pelo qual, além de não me curar do resfriado, hoje estou um pouco surda. Mas se fosse o pai a estar resfriado, não se ouviria nem o zumbido de uma mosca.

É por isso que afirmo que se a Igualdade de Resfriados chegar, vocês vão me ver apresentando um projeto. Um projeto pelo qual garante-se a toda mulher o direito de ficar na cama e ser isenta de cozinhar, lavar, ir e voltar da escola e visitar doentes. Todo marido que degradar a mulher com frases como: "São os repolhinhos de Bruxelas que você devorou ontem", "Você está só entediada", "Se ficar assim até a primavera, é melhor chamar um médico" ou "Levanta, você está assustando as crianças", deverá pagar uma multa.

Mas o pior que pode acontecer com a gente quando estamos aí jogadas na cama, tão *sexy* como um saco de lixo mordido pelos cachorros, é que a família faça o "numerinho" de "Está tudo OK". Isso é mais humilhante do que a falta de solidariedade. Que venha a sogra e diga: "Nunca vi a tua casa tão imaculada. Realmente teus filhos são um fenômeno. Quando você ficar boa, vai ter que contratar uma faxineira". Teu marido chega e te tranqüiliza: "Não te preocupes por nada. Tua filha cozinha como os deuses, não sei a quem saiu. Ontem à noite fez pato com laranja e pêras ao chocolate. E hoje vamos comer *fettuccini* caseiro com *funghi porcini*". Depois chega a menina e te alegra a vida anunciando: "Ai, adoro fazer as coisas da casa! Hoje lavei e passei a roupa toda em uma hora. Obriguei os meninos a arrumarem seus quartos e lustrei o chão. Você nunca conseguiu que ficasse assim" (não tenho filhas, mas sei de boa fonte que esse é o caso). O garoto: "Uf! Estou morto. Hoje vieram meus colegas e não tivemos que ficar calados como quando você está escrevendo. Nos divertimos pra caramba. Ajudamos o papai a ordenar as estantes da garagem".

Quando as coisas já fazem parecer que você poderia ser tranqüilamente trocada por uma secretária eletrônica, aparece teu caçulinha, murmurando: "O cachorro fez xixi no tapete da sala, deixamos cair a estante da geladeira com tudo o que estava em cima, brigamos o dia inteiro e demos o jantar para o cachorro porque estava horroroso". Ah, que alívio! Eu lhes garanto que penso viver com esse menino até os oitenta.

Não há nada a fazer: quando uma mulher adoece, a família a aborrece. E de nada serve exagerar para que sintam compaixão por ela.

Afinal, arrependo-me do que eu fiz esta manhã. Entreguei um papel para o meu marido e lhe pedi: "Se você puder, me traz este remédio: CROTOXINA". Adivinhem o que ele respondeu: "Você sempre seguindo a moda!".

"O que é que o homem chama de 'ter bons modos'? Dizer 'perdão' depois de arrotar."

CINDY GARNER

Manual de etiqueta masculina

O homem da minha vida me persegue há anos, porque, quando tomo banho, lavo as minhas calcinhas e as penduro na torneira do chuveiro (um costume bastante comum, acredito eu). Ele me chama de ordinária, exibicionista e sei lá quantos elogios mais.

No entanto, o verdadeiramente digno, o que revela toneladas de senhorio e distinção, é CORTAR A UNHAS DOS PÉS SOBRE A MESA DO CAFÉ DA MANHÃ. Um monte de homens faz isso (para que não caiam no tapete, que considerados...). Que nível! Que cultura! Que dom de gente!

Acho que chegou a hora de dar uma olhada nos hábitos higiênicos masculinos. Não posso demorar nem mais um minuto. E eu faço isso para ajudar no entendimento entre os sexos. Para descobrir esse mistério que sempre foi o homem para nós. O homem e alguns dos seus hábitos mais execráveis.

Quando casamos, supomos – erradamente – que a mãe desse senhor deve tê-lo instruído cuidadosamente, deve tê-lo adestrado como corresponde na ordem, nos bons modos. Só que muitas mulheres não sabem que milésimos de segundo depois de ter pronunciado as palavras "Sim, quero", apagam-se da memória do noivo esses padrões de conduta aprendidos. Enquanto assume que tem esposa, PING!, apagou tudo. O sistema caiu. Por isso eu proponho uns votos matrimoniais mais realistas para as futuras gerações de mulheres: "Prometo amá-lo, honrá-lo e respeitá-lo, na saúde e na doença; recolher as suas meias sujas, deleitar-me com as suas emanações, desfrutar os seus roncos, compadecer-me da sua próstata, apreciar as suas cuspidas, etc., etc. até que a morte ou o homicídio nos separe". Isso, para ir conscientizando a mulher do que vai ter que enfrentar.

De maneira que, para entrar na matéria, corresponderia começar com fazer um desenho de O HOMEM NO BANHEIRO. O que é tão atrativo ali, que é capaz de ficar três horas lá dentro, preso? Muito bem, isso também é cultural. Ele aprende desde criança que sua casa é o seu castelo, ele é o rei e qual é o lugar do rei? O TRONO. O ritual de sentar no trono é sagrado para o sexo oposto, e adquire ares de nobreza, características quase monárquicas. Por isso, não pode fazê-lo em outro lugar que não seja no seu feudo. Os homens são capazes de dominar seus esfíncteres durante doze horas para poder fazê-lo "nesse lugar sagrado", ou algum outro da sua confiança. É essa e não outra a razão pela qual a chave do banheiro de executivos no escritório tem tanto prestígio. Porque lá, conversando de vaso para vaso, cozinham-se os grandes negócios. "Então Rodrigues, aceitou a proposta do *joint-venture*?" "Efetivamente, Silva, no próximo mês unem-se as duas companhias." Adivinharam: é esse o motivo pelo qual as mulheres executivas nunca escalam. Porque nada une tanto, estimados leitores, como "depor" em companhia. Os homens adoram isso. O "trono" é quase um escritório para eles, um claustro onde, rodeados de material profuso, ficam atualizados com a leitura atrasada: PLAYBOY, PENTHOUSE, SEXY... E a extinta ELE & ELA (não sei se se lembram).

Tudo isso eu posso compreender fazendo um esforço. O que não consigo entender é por que tiram a roupa, essas cuecas e meias que ficam em pé sozinhas, enquanto estão sentados ali durante horas, lendo, e então as deixam em pequenos montes ao redor do vaso sanitário. Tirar a roupa melhora o nível de leitura? Ou a temática do material faz com que as meias e cuecas voem? Esse ritual confunde a nós, mulheres, que não tiramos o sutiã e a calcinha para lermos CONTIGO. E se fizermos isso, jogamos no cesto de roupa suja.

Eu cheguei a pendurar uma cesta de basquete em cima do vaso, para ver se isso estimulava os meus três homens a acertar. Foi inútil. O cesto está sempre vazio e a roupa, no chão. O que posso dizer da marca na borda da banheira e da pia? Como acontece com as árvores, pela aréola de sujeira depositada, pode-se tirar a idade da minha banheira. Se eu não entrasse no banheiro armada com bucha toda vez que o meu marido acaba de tomar banho, vocês sabem o que é que teríamos que fazer com a banheira a cada três meses? Areá-la! A mesma coisa com a pia, com os restos de barba e espuma de barbear. Mas não pensem que estou me queixando do meu marido. Ele é um amor! Deve ser um dos poucos homens que, quando acabam de tomar banho, secam o chão do banheiro. Sim, com a toalha. O que nunca consegui é que troque o rolo de papel higiênico. Por que será que os caras preferem passar pela ignomínia de subir as calças sem a devida higiene, antes de ter que levantar suas bundas desse assento quentinho? Se a gente está em casa, eles gritam: "Acabou o papeeeeeeeel!". Mesmo tendo papel a um metro de distância, eles não o repõem.

Poderia comentar das bolas de cabelo no ralo, do assento do vaso sempre levantado... mas vou me limitar a debulhar a única dúvida existencial que, essa sim, não pude "evacuar" jamais: os homens acham que o desodorante de ambiente que nós, mulheres, colocamos sempre junto ao vaso é para quê? Decoração? Por que ficam satisfeitos com o aroma próprio e pessoal, e nos obrigam a compartilhá-lo? Eu já o aceitei como meu *karma* (com três homens em casa!). Toda vez que entro no banheiro depois deles, entro com máscara, roupa de amianto e extintor.

Mas os rituais de toalete do gênero masculino não se limitam a "esse lugar sagrado". Outra dúvida existencial: por que será que os homens acham que podem fazer xixi em qualquer lugar? Aceito que poder fazê-lo de pé é sensacional, quase um motivo de orgulho, mas não é questão de andar contando vantagem o tempo todo. Desde crianças descobrem que é muito divertido brincar – como em *Guerra nas estrelas* – com esse pequeno "laser" que têm nas mãos e fazer arabescos "zam! bam! Atrás *Invaders*!". Mas já adultos... isso de andar brincando, vendo quem chega mais longe. O que são? Como os cachorros do bairro, que marcam o seu território? Atrás das árvores, atrás dos carros, dentro dos vasos de plantas...

Estive duvidando até o final, mas não posso deixar de fazer referência ao tique da parasita externa. Essa mãozinha nervosa que constantemente pousa, tique, tique, tique, "lá". E não disfarçadamente.

Na frente de todo mundo! O que têm? Pulgas? É um tique nervoso ou precisam verificar de tanto em tanto que tudo continua lá, onde deve estar? À noite, insone, faço-me essa pergunta. Ao homem que mora comigo, comecei a chamá-lo de "galinha cuidadosa". O tempo todo acomodando os... Perdoem-me, deixei-me levar pelo tema apaixonante.

Por último, todos os que me conhecem sabem que adoro animais (se não, não teria me casado), mas o porco não é a minha besta predileta. Gostaria que algum dia vocês, senhores, nos explicassem, porque *queremos entender*, o que é essa mania de cuspir?

Só uma coisa boa concluo desses assuntos vergonhosos. Serviram para que eu entendesse a minha sogra. Como todas as jovens, antes eu não compreendia. Pensava, que besta!, que primitiva!, que antiga! E agora concordo com ela. Quando se refere ao meu sogro como "O PORCO DO MEU MARIDO".

"A melhor maneira de controlar
as calorias é... à distância..."

HENNY YOUNGMAN

O marido, a dieta

Ontem dormi só duas horas. Passei a noite toda fazendo terapia de apoio. A noite toda apoiando meu homem. Acontece que ele teve... uma depressão. Quando fui me deitar, ele me disse com lágrimas nos olhos: "Eu não sirvo para mais nada, estou acabado". O que aconteceu? Ele tinha se pesado: 87 quilos. "Estou frita", lamentei. "Agora vai começar a me torturar dizendo que a culpa é minha porque não o obrigo a fazer dieta. Por que será que quando os homens decidem emagrecer não o fazem em silêncio, estoicamente, como a gente, que no lugar de "psicopatiar" o próximo, abre a geladeira, come um iogurte de zero caloria e agüenta firme? Afinal de contas, fazer dieta é isso. Não comer. Primeiro começa a fase do reprovar e lamentar. Depois de ter me obrigado a aprender a cozinhar melhor que *Ofélia Anunciato* para satisfazer a sua gula inesgotável, agora a culpada por ele não emagrecer sou eu. Para variar, eu o consolei: "Ah, meu amor, não fica assim. Você sabe que para mim você sempre será uma estrela de cinema" (Digamos um Danny de Vito, porque ele nunca foi alto e agora, com 20 quilos a mais...). Não sei se o convenci, mas decidi encarar de frente o problema e lhe comuniquei: "Mas desta vez você fará o que eu disser". Já está comprovado que à maneira dele não dá resultado. Há uns dez anos ele padece da síndrome do ioiô: sobe, desce, sobe, desce...

Quando foi a uma nutricionista, perdeu peso real, sim. Quatrocentos reais na primeira semana. Além disso, sempre aparece com coisas estranhas: com a dieta dos astronautas, com a dieta do alho (com essa não perdeu nenhum grama, mas perdeu doze amigos), com o método do Dr. Atkins. Então, quando ele fala de fazer regime, eu entro em pânico, porque sempre inventa alguma coisa para complicar a minha vida. Para começar, me manda comprar todo tipo de coisas estranhas: soja, salvado, *tofu*, germe de trigo, sal marinho. Não sei ele, mas eu, por causa disso, desenvolvi ombros, bíceps e tríceps, porque esses produtos são vendidos "a granel" (não te vendem menos de um barril) em misteriosas lojas naturais situadas em pontos ignotos da cidade. Desenvolvi fortes bíceps tirando do carro todo esse material. De todos esses exotismos, a única coisa que se pode conseguir em pequenas quantidades são os cogumelos *shitakke*, mas a quinhentos dólares cem gramas. Parece que é essencial, para qualquer "dietante" que se preze, a ingestão de abundantes leguminosas: brotos de soja, feijão fradinho, favas...

Estes pequenos demônios são capazes de criar "correntes de ar humanas" próximas ao furacão Frederick, a ponto de advertir a população sobre a importância de deixar abertas todas as janelas de vidro, parafusar toda a mobília no chão e evacuar mascotes e toda outra forma de vida, enquanto o "dietante" estiver em casa. Outro requisito indispensável são as fibras e cereais. O que é essa súbita obsessão, essa vigilância quase policial sobre o próprio movimento intestinal? Uma coisa é pretender ser "regular" e outra coisa "imparável". A maioria dos "cólon-obsessos" não está convicta de ter incorporado fibra suficiente, até chamarmos o bombeiro para desobstruir essa massa de aveia, salvado e alfafa que tampa o encanamento.

Mas o mais lindo é que sou eu quem acaba comendo todas essas porcarias. Claro, ele me diz assim: "Hoje é o meu dia de frango com salada". E engole um frango inteiro, com pele e dois quilos de rúcula. Outro dia ele diz: "Hoje eu vou fazer dieta líquida para me desintoxicar. Faz para mim uma sopinha de verduras". E toma uma panela enorme de sopa de verduras (fazendo barulhinho), com três quartos de quilo de queijo ralado. Se a geladeira estiver cheia (porque em casa moram outros seres vivos), fica furioso e diz que o sabotamos. E se estiver vazia, procura como um louco adicto nos armários, onde sabe que eu tenho coisas gostosas escondidas: biscoitos, chocolates, etc.

Também existe a sabotagem do entorno, que sempre conspira. Os amigos que lhe dizem: "Deixa de bobagens, você está ótimo. O que é que você quer, ser parecido ao Gianecchini?". E o levam a uma lanchonete para comer o que não encontra em casa. E depois, quando volta, cheio de culpa e cheirando a batata frita, se auto-engana fazendo a barba antes de se pesar (para pesar alguns gramas a menos). "Me ajuda, você não me ajuda!" É como se na minha casa morasse um surdo e todos tivéssemos que usar aparelhos auditivos para ele se sentir melhor. E quando vai à academia? "Hoje sim, hein?", se prevenindo, "hoje posso comer tomando um vinhozinho. Afinal, já paguei puxando ferro hoje de manhã". Quando nota a minha cara de desaprovação, se defende: "Mas amor, se você já sabe que basta um copo para eu ficar bêbado..." (sim, o sexto!). O que realmente acontece é que ele não gosta de emagrecer, mas de se ver magro, o que não é a mesma coisa. Mas ele me faz pagar o sacrifício dele emagrecer. Toda vez que ele tenta perder peso, a única coisa que "perde" é o bom humor. Um humor de cachorro. Todo dia resmungando.

Conseqüência disso, hoje acordei lhe anunciando: "Tudo bem, mais uma vez vou me encarregar, mas você vai cumprir esta lista de instruções como se fossem os Dez Mandamentos:

- Não matarás por chocolate.
- Não roubarás a sobremesa dos teus filhos.
- Não pronunciarás em vão o nome QUEIJO MINAS.
- Não cobiçarás a cerveja do teu vizinho.
- Não considerarás a maionese uma bebida.

"Isso é sagrado", o ameacei.

Depois fui visitar uma amiga. Não é por acaso que ela é uma perita em dietas. Quer dizer, ao longo de toda a sua vida, já emagreceu 1.500 quilos. Não existe dieta que ela não tenha experimentado. Na sua cozinha há uma estante cheia dos livros mais estranhos: *O livro de cozinha do neurótico*. Duzentas páginas de receitas de baixa caloria para situações difíceis: coletivas de imprensa, síndrome da divorciada, depressão pós-parto, tensão pré-menstrual... Depois tem o *Guia para perder peso durante o sexo*, porque parece que o simples ato de beijar já queima 31 calorias e meia (agora entendo por que não consigo emagrecer). Envolver-se numa coisa mais séria duas vezes por semana te faz perder quatro quilos. Outro livro se chama *Como afrontar uma visita da sua mãe a 12.000 calorias diárias* (90 páginas descrevendo as mil maneiras de brigar com mamãe). "E isso funciona?", perguntei para a minha amiga. "Olha, se você realmente quiser que ele emagreça, você tem que ir às reuniões do ECCA". É um desses grupos de auto-ajuda. ECCA: Emagreça Com Comidas Asquerosas. Muito bem, eu acabei indo, porque ele nem doido vai a esses lugares. Depois de ver todos esses gordos de joelhos, pedindo perdão pelos seus pecados calóricos, começaram os cursos culinários. Quase vomito lá mesmo, porque para que o sistema funcione, é necessário comer pelo menos oito quilos de fígado por semana. Mas acontece que eu, desde garotinha, fiz um pacto comigo mesma: nunca, jamais cozinhar alguma coisa que se mexa, que deixe o cachorro excitado ou que, quando caia da minha mão, eu tenha que me abaixar e pedir perdão. As outras receitas eram tão imundas, que não duvido que o meu marido emagreceria, mas eu não estou disposta a passar horas trancada na cozinha amassando bolos de farinha integral. Eu disse isso para ele, que me respondeu: "Então vou ter que correr de novo". Oh, não! Correr não. Ninguém imagina o que tem sido agüentar um homem que correu quatro quilômetros diários durante oito anos. Este senhor não se conforma em correr sozinho. Ele não pára até conseguir ter a família toda correndo na escuridão (porque ele corre à noite, ou por acaso às cinco horas da manhã não é de noite?), perseguida por cachorros viciosos e carros sem identificação, ofegantes, suando, tropeçando e com os nossos rostos tortos de dor (a dor de agüentar a vontade de ir ao banheiro, porque quando se corre em jejum, sempre acontece isso). E tudo isso porque está gordo... Espero que pelo menos se realize uma das premissas de todo regime: "O segundo dia é mais fácil que o primeiro. Porque nesse momento, você já o abandonou...".

"Ontem à noite o meu marido estreou um terno italiano: todo manchado de Chianti!"

SUSAN SAVANNAH

Que pouco dura a festa!

Hoje de manhã considerei seriamente a possibilidade de alugar um carrinho para levar as minhas olheiras ao supermercado. Acontece que ontem à noite tive uma festa. Sim, foi uma grande festa enquanto *durei*. Nós casadas nunca aprendemos. Para nós, ir a uma festa é sempre como um conto de fadas no qual vamos nos sentir por uma noite como uma princesa (Pocahontas). Claro, na ingenuidade acreditamos em tantas coisas. É que saímos tão pouco! Para que tenham uma idéia, a última vez que estive numa festa, alguém se aproximou e me perguntou qual era o último livro que eu tinha lido e eu respondi *Causas e efeitos da irritação da fralda*. Ou seja, há bastante tempo.

A gente vive tranqüila, entre panelas, com o avental desbotado e de repente, zás! A revolução. Convidaram *ele* para uma festa. Porque sempre é a *ele*. A gente vai de "carona". Supõe-se que nesse momento deveríamos dar pulos de alegria, especialmente porque – a não ser as reuniões de Tupperware, às que também assiste a sogra – não saímos nem à esquina. Além do mais, não se trata de qualquer festa, não. É um *party* infernal! Mas a gente não se entusiasma, porque já sabe o que vai acontecer. Já temos experiência... Bem... eu tenho um probleminha. Sabem aquelas pessoas que dizem ser "a alma da festa"? Eu estou casada com "o animal da festa". Muda, se transforma. Já lhes contarei. Ainda estamos nas preliminares. Que é quando inventamos alguma desculpa para não ir, garantimos estar doentes (que é o que eu fiz, mas não surtiu efeito). "Nem pensar, é importantíssimo para os meus negócios! Como irei sozinho?" É nesse instante que surge a pergunta tão temida: "Com que roupa eu vou?" Porque nós, mulheres, nunca temos nada para vestir. O meu guarda-roupa, por exemplo, está cheio de fiapos e toda vez que surge uma festa, acabo fazendo limpeza geral e dando aos pobres todas as coisas que há dez anos tenho guardadas, e decido que não tenho cara para pedir outra vez um vestido emprestado a minha irmã. Ela é muito sensível e se aflige:

"Por que você não deixa esse cara de uma vez? É um mão de vaca!". Telefono para a minha amiga – já à beira da histeria – e ela me aconselha bem: "Estoura o cartão de crédito dele! Não tenha medo, eu te acompanho". E me leva ao primeiro salão de beleza. "Aí, não! Você precisa de um *look* mais sexy, algo que te faça sentir bem, maravilhosa, ganhadora. Que cor de cabelo é essa, marrom, cinza?" (sépia, é sépia). E dá instruções ao cabeleireiro para que me pinte de louro platinado (coisa que antes de uma festa, é igual ao suicídio). O estilista me olhou com compaixão e, levantando duas mechinhas entre o dedo indicador e o polegar, como se fosse uma anchova, perguntou: "O que você faz no seu cabelo?". "Nada. Uso três bobes do lado que não durmo e, no dia seguinte, o contrário. Na verdade não sou de ir muito ao salão. Hoje eu vim porque desde que meu último bebê nasceu, estou um pouco deprimida." "Oh", comoveu-se ele sacudindo as pulseiras, "e quanto tempo tem isso?" "Vinte e quatro anos." Quando tudo acabou, a minha amiga passou um braço pelo meu ombro e murmurou: "Não chora. Agora um bom vestido STRAPLESS e você vai ficar ótima. Você não é tão feia...".

E assim, alterada e nervosa, com pressentimentos horríveis, chegou o momento da festa. Peguei o vestido, os sapatos, a bolsa e a bijuteria que tinha escondido, porque a gente dilata o momento de mostrar para o marido o que comprou, até que já é inevitável. E já sabemos o que ele vai dizer – com essa cara para a qual só falta uma cueca: "E quanto me custou isso?". "Não, meu amor, comprei numa liquidação", minto. Total, já inventarei alguma coisa quando a fatura do cartão chegar. "Você está vendo por que é que eu não posso te levar a lugar nenhum? Por que você não veste o que você usou da última vez?" "Mas amor, isso foi em 1990..." "Por isso. Ninguém lembra." É inútil lhe explicar que a "calça *bag*" já não se usa e que hoje peso dez quilos a mais. E depois há o problema da roupa dele. Como está rechonchudo e nunca compra nada, nada entra nele. Até quinze minutos antes de sair, a empregada (eu) mudando os botões de lugar, soltando bainhas, passando...

Já com os dedos tremendo, tentei uma maquiagem rápida e saímos. Como esteve escondido, não tive tempo de checar o vestido *strapless* e acabou que – pela lei da gravidade, ou talvez pelas pequenas proporções dos meus peitos – caía para a frente. Tive que andar a noite toda com as mãos embaixo das axilas, sustentando o vestido para não me transformar na atração da festa.

Assim que chegamos, descobri que, como em todas essas reuniões, essa estava cheia de divorciadas abandonadas e desesperadas que jogavam fumaça na cara dos homens. Num instante, meu companheiro fugiu da minha presença (para se unir a um grupinho de modelos de 19 anos). "Fica aqui, com a senhora de Rodrigues", me "convidou". A senhora do contador – anã como ele – me conta que estuda parapsicologia e tarô. Mas eu não escuto. Estou observando o meu marido colocando um salgadinho na boca de uma modelo. Me aproximo e com doçura, lhe pergunto: "Meu amor, por que você não vem comigo?". "Não posso. Isto é por trabalho. Todas as coisas do escritório. Preciso contratar umas recepcionistas para um estande. Vai com a esposa do Rodrigues." Meia hora depois, o vejo dançando freneticamente com duas delas. Por que será que ele, que não dança, que nunca quer dançar comigo, com duas doses de uísque adota uma nova personalidade: o Sidney Magal dando lições de requebrado a Michael Jackson? Só que, com todo o álcool que acumulou entre o peito e as costas, tem menos ritmo que a Igreja Católica. Nessa altura do espetáculo, eu já estou pronta para me arrastar para baixo da mesa e ficar lá escondida, ou ingressar em algum programa de PROTEÇÃO ÀS TESTEMUNHAS e mudar de nome, mas decido aceitar o convite insistente do único septuagenário da festa, um senhor que me diz: "Esperemos a próxima música, porque esta é muito movimentada" (STRANGERS IN THE NIGHT).

Voltamos para casa com uma grande melancolia e um cansaço terrível – como sempre. A 160 quilômetros por hora. Porque, eu não sei o motivo, mas quando seu nível de álcool atinge 50 pontos, é quando ele mais insiste em dirigir. "Estou perfeitamente", afirma, enquanto eu pulo do encosto ao pára-brisa sucessivamente.

E aí fica de mal comigo. Invariavelmente depois de alguma festa. "Você sempre me faz ficar mal. Como você fica mostrando os peitos a esse cara?" "Mas se estive a noite toda segurando o vestido!" "Sim, sim, eu já vi você se mexendo insinuante contra o Garcia". "Mas o Garcia é um velho..." "Sim, um velho babão que tinha vontade de chingui-chingui." E aí – como já é rotina – começa a mudar o olhar, os olhos ficam vidrados e percebo que estou perdida. Eu não sei por que os homens, quando estão chapados, adotam a personalidade de Hugh Grant quando foi preso no seu carro por ter uma mulher ajoelhada entre suas pernas. São capazes de excitar-se até lendo o manual do carro. "Hummmm, beber te faz parecer cachorra." "Mas eu não bebo..." "Mas eu sim". E aí já está pronto para a ação. Claro que – sejamos francos – com a mesma coordenação de Joe Cocker tocando baixo. Então, enquanto a sua mente imagina orgias, seu corpo enfrenta a realidade: ANESTESIA PROFUNDA DAS PARTES VITAIS. Não importa. Ele continua prometendo coisas em tom "romântico": "Hummmm, meu tesão, eu vou navegar no teu mar". "Não gostaria de te contradizer, mas para isso, primeiro tem que erguer a vela", eu o lembro. "Não. Vem, vem que hoje vai acontecer algo grande." Mas a única coisa grande que acontece são seus 90 quilos rodando em cima de mim, para finalmente dormir e roncar. Assim acabam todas as minhas festas. Portanto, por que essa surpresa geral quando afirmo que me divirto muito mais limpando o forno?!

"Qual é a idade em que os homens ficam super babões? Mais ou menos entre os 15 e os 80 anos."

MAITENA

A síndrome da ninfeta

O que vocês acham que eu prefiro tocar? Um abdome definido e firme? Ou uma barriga flácida e com celulite? (Sim, porque os homens têm celulite. Na barriga). O que vocês acham que eu gosto mais? Que me abracem uns músculos brilhantes ou uns braços de passarinho morto? Acariciar uma cabeleira imaginária ou entrelaçar meus dedos em fios espessos e sensuais? Não me respondam, porque a resposta é óbvia. Só que eu conheci as minhas possibilidades e as aceito, sem me rebelar, sem querer passar por garotinha. E não porque na minha idade não disponha de uma infinidade de possibilidades de fazer realidade o sonho do "incesto próprio". Adolescentes da idade dos meus filhos têm me rondado e acossado, mas isso de ter que buscá-los na saída da escola não é para mim. Eu já criei e não tenho intenções de voltar a fazê-lo.

Com os homens acontece a mesma coisa. Também preferem um par de seios firmes como duas balas de canhão e empinados, indicando o céu como foguetes do Cabo Canaveral prestes a serem disparados, ou uns úberes suspensos, produto não só da lei da gravidade, mas da amamentação. Também ficam extasiados com uma bundinha empinada e se deprimem perante uma retaguarda flácida que flameja por cima da nossa cintura toda vez que corremos. Só que – engraçado! – quanto mais velhos são, com mais direitos se sentem de adotar uma filhinha como amante. Há pouco tempo vi um caso assim numa festa. Nas bodas de prata de uns amigos, chegou um publicitário conhecido que tinha acabado de se separar. Por causa de outra mulher. E apareceu com a nova para apresentá-la: uma ninfeta de 22 anos, mais nova que a sua própria filha. Foi uma confusão! Imediatamente todos os homens da festa formaram como uma corte dos milagres em volta dela e a seguiam por toda parte. Os mais velhos eram os que mais libidinosamente a devoravam com os olhos. Alguns ficavam em êxtase, com a boca aberta, como se estivessem presenciando a materialização da Nossa Senhora da Aparecida. Enquanto isso, todas nós, mulheres, decidimos não convidar nunca mais esse senhor. Acontece que, apesar de sermos mulheres feitas, honestas, talentosas, interessantes e sensíveis, eles não se importam nem um pouco com isso. Eu o comprovei ao ver o olhar do meu marido. "O que há com você?", lhe perguntei, "estão nascendo os teus dentes de leite?" "Por quê?" "Pela baba". E as piadas que, nervosos, sentem-se obrigados a fazer. Como o meu, que quando achou que eu não o olhava, disse: "As mulheres são como o champanhe; quanto mais envelhecem, melhor ficam. Como a minha, que já está fermentando". Ou as desculpas que oferecia o protagonista da façanha: "Embora não acreditem, até agora nenhum homem lhe tocou o coração". Nós, mulheres presentes, pensamos: "Deve ser a única coisa que não lhe tocaram". Para a mulher, depois dos 35 anos, as possibilidades são escassas. O homem disponível aparece com a mesma freqüência que o COMETA HALLEY. Os que servem estão casados (como o meu) e os que não, andam por aí perseguindo virgens. Como foi neste caso. No verão. Época favorita dos senhores casados para iniciar relacionamentos clandestinos. Deixam as suas esposas em algum lugar do litoral, tiram o anel e transformam São Paulo no seu couto de caça. E, às vezes, cumprem com o sonho dourado, essa "megassena" mágica: uma Barbie de 22 anos, sacudindo a cabeleira loura (60 centímetros de colágeno e elastina em estado puro), lhes presta atenção! Sabe-se já que os opostos se atraem. Será por isso que as garotas pobres sempre procuram maridos velhos?

Não é um segredo que a verdadeira razão pela qual os senhores maduros se inclinam para as lolitas é que justo quando a eles nem o VIAGRA pode socorrer, nós estamos em nosso melhor momento, a nossa sexualidade floresce. Ficamos exigentes, sabemos o que queremos. Não só entendemos de sexo, mas também de vinhos, de política, de economia... sabemos tudo da vida. Isso os aterroriza, dizem os que sabem, e faz com que corram a se refugiar entre as pernas de alguma garotinha carinhosa e algo ignorante. Uma espécie de órfãzinha embasbacada que lhes festeje tudo e a tudo diga: "Que maravilha, paizinho!" (com ênfase no *paizinho*). A gente já o conhece por demais. Há um tempão não deixamos cair a mandíbula inferior com gesto de aluninha encantada, aplaudindo uma e outra vez a mesma piada boba deles. Então, a pergunta é: o que terão em comum, além da intenção dela de ser uma viúva endinheirada e o consolo dele de despertar a inveja de outros homens? Não pude encontrar uma resposta. Ela se afastou com os adolescentes para comer batatas fritas e ouvir Paralamas. Não estava interessada no tema que estava sendo tratado no jantar: a guerra na Bósnia. Achava que Bósnia-Herzegóvina era uma modelo tcheca amiga da Naomi Campbell.

Às quatro da manhã, quando todos estavam mortos, o coitado do cavalheiro ainda tinha que levá-la para dançar na boate Baronetti. Tive pena dele e pensei: "Espera até desapertar o cinto!". Mas quando esta doença ataca, é pior que o vírus EBOLA. E tem muito menos a ver com sexo do que com o medo da velhice e da morte, acreditem. "Não são as ostras o maior afrodisíaco", me disse uma vez a minha sábia mãe, "é uma discípula obediente". As moças jovens são muito boas psicólogas e pressentem isso, daí que adotem essa atitude perante os seus homens maduros. Elas também não têm interesse em sexo, pelo menos nessa relação. É por isso que procuram senhores maduros, para não serem muito molestadas. "Mas o que pode querer uma moça de vinte com um sexagenário?", lembro que perguntei ingenuamente. "Coisas sem importância como estas: um amante de idade madura que lhes dê segurança econômica. Conhecer outro mundo mais deslumbrante que o rotineiro e modesto de suas vidas de estudantes e secretárias. Viver com luxos, vestir roupa cara, peles e jóias. Dormir em lençóis de cetim e desjejuar com champanhe. Sentir-se estrelas, mimadas o tempo todo por esse velhinho que enlouqueceu por elas. Ascender no trabalho. Ter carro. Fazer viagens ao exterior. Conseguir um homem que viva para elas e não lhes faça perder tempo, como os da idade delas. Jamais olhariam para um velho que não seja célebre ou rico ou poderoso."

E os homens, já é sabido como são: podem se olhar no espelho sabendo que usam uma peruca e ficar convencidos que – apesar de saberem que é falsa – lhes cai bem. Do mesmo modo, talvez, percebam que essa obediência da aluna é irreal. Pode ser que não sejam bobos para ignorá-lo. Mas de qualquer forma eles gostam. Precisam. Atribulados pelo repentino ingresso à terceira idade, não estão dispostos a deixar passar essa mudança que os refresca e revaloriza. Embora essa mudança tenha a cara de uma jovem bela, mas audaz, que os espera na esquina, com o sorriso pronto, palavras doces e, claro, a carteira vazia e sedenta.

Em relação a mim, soube que estava perdida quando meu marido, olhando fixo a "não turgência" das minhas glândulas mamárias, me disse: "Bota silicone, eu pago", quando sempre jurou que jamais pousaria suas mãos sobre algo parecido à base de uma garrafa plástica descartável. Essa noite soube com certeza que entre o nosso grupo de homens, tinha ficado "legalizada" a pedofilia. Alguma idéia estranha tinha começado a se formar nas cabeças dos homens presentes. Todas nós, veteranas desse jantar, entramos em pânico e também a mim chegou o momento de abrir bem os olhos e afiar a faca, rastreando qualquer mudança na conduta dele, a partir desse fatídico instante. Assessorada pelas que mais sabiam, obtive uma lista de indícios irrefutáveis que devia vigiar para ter certeza que uma ameaça como essa não começasse a sobrevoar a paz do meu lar:

- De repente começa a fazer aeróbica três vezes por semana?
- Mudou o cabeleireiro que o atendia há quinze anos?
- Escolhe a roupa como se fosse uma noiva?
- De repente todas as suas reuniões são depois das dez horas da noite?
- Recebe toda a correspondência no escritório?
- Desenvolveu uma séria dependência da Colgate?
- Começa a tirar três horas para almoçar e volta com a cueca ao contrário?

- Tendo em conta que a gente já tem as trompas ligadas há cinco anos, ele insiste em fazer vasectomia "só para estarmos seguros"?
- Procura brigar sem motivo?
- Agora é adicto aos shows de *rock* e assiste todo dia à MTV?
- Se antes ele não fazia outra coisa a não ser olhar as teias de aranhas do teto enquanto fazia amor, agora pede para fazermos as coisas mais estranhas?

É tiro e queda! Chegou a hora de contratar um detetive. Todas as minhas amigas paranóicas me atormentavam para que descobrisse alguma mudança nos hábitos do meu homem. E descobri: inesperadamente começou a trazer presentes caros e fora de hora. E minha avó alemã já dizia: "Quando o teu marido te der flores sem motivo algum, certamente existe um bom motivo". A questão é que, motivadas pela curiosidade e o terror, decidimos, todas juntas, contratar um investigador particular para que nos fizesse um "preço por atacado". Meu primeiro e último encontro com este personagem resultou inesquecível. A gente sempre imagina que aparecerá alguém assim como o *Pierce Brosnan* no seu papel de 007, mas não. É mais parecido com *Homer Simpson*. Essa primeira entrevista foi conduzida no mais absoluto segredo. Foi-me solicitado que dirigisse o carro até o estacionamento de um hipermercado conhecido, e que esperasse ali, cobrindo o meu rosto com uma máscara do ex-presidente Fernando Henrique Cardoso. Instantes depois ele chegou, deslizou no banco de trás e me ordenou a não me virar enquanto conversássemos. Tudo isso para evitar suspeitas. Parece que este indivíduo não pensava que poderia resultar altamente suspeito para as pessoas que passassem por ali, ver uma pessoa com uma máscara do Fernando Henrique no banco da frente, e outra sentada no banco de trás com uma máscara do Chuck... Estranhos ossos do ofício, que não cheguei a compreender. O que compreendi perfeitamente foram os 100 reais por hora que iriam me custar a vigilância e as provas. Depois disso, um longo processo até chegar ao divórcio de fato. Tão longo, que provavelmente no trajeto teria tempo de conhecer o meu próximo marido. Possibilidade essa que me horrorizou, porque, como disse alguém, "mudar de marido é mudar de problemas". Portanto, agora, quando ele chega atrasado para jantar (como disse a velha atriz americana Shelley Winters), sei que ou ele tem um caso, ou está morto na rua. Peço sempre a Deus que seja a segunda opção...

"Acho que toda mulher tem direito a um marido intermédio a quem possa esquecer."

ADELA ROGERS ST. JOHN

O futuro do casamento

Ontem, num desses meus momentos de reflexão (quando lavo os pratos), assaltou-me um pensamento apocalíptico sobre o futuro do casamento. Cheguei a uma descoberta notável: no meu quarteirão somos o único casal que não se divorciou. Agora compreendo por que os meus filhos nos olham com uma mistura de nojo e pena. É como se estivéssemos perdendo o melhor da vida. Não é injusto que, depois de ter servido durante tantos anos honradamente a essa instituição chamada casamento, a demitam sem aviso prévio? Digo isso porque, por exemplo, outro dia me perguntaram um pouco chateados: "Mamãe, como é possível que você e papai não tenham morado juntos antes do casamento?". "Estão malucos?! Nos casamos justamente porque não nos conhecíamos o suficiente", respondi com a lógica típica das pessoas da nossa geração. Mas os jovens de hoje não entendem isso, porque vivem num mundo em que um de cada dois casamentos acaba em divórcio e dos que sobram, 75% estão na corda bamba. E os que estão fora de perigo, são tão excitantes como uma orgia de iogurte. Eu acho que, se continuarmos desse jeito, num futuro próximo o casamento será penalizado pela lei.

Estava eu limpando com meu Bombril e imaginei meu futuro neto voltando da escola todo machucado e com a camiseta rasgada, e a minha nora (porque eu vou ter noras, disso não me salvo), a minha nora lhe pergunta o que aconteceu. "Nada, é que Martim disse... ele acusou você e o papai... disse que... que você e papai estão casados! E eu lhe disse que isso era mentira e ele me disse que, então, como é possível que o meu sobrenome seja igual ao de vocês. Por que você e papai não podem ser como os pais das outras crianças, hein?!" Era como uma cena do CHOQUE DO FUTURO. Mas o futuro já está aqui. Ao nosso redor todo mundo se separa. Em busca de romance. Só nós, que ainda duramos, sabemos do esforço que nos custou. Os conselhos que ouvimos de especialistas. Nos anos 80 havia um livro que se chamava *Tenha um romance com o seu marido antes que ele o tenha com outra*. E um parágrafo dizia: "Se o seu marido chegasse neste momento sem avisar, o que veria? Pratos sujos na cozinha? O aspirador de pó na sala? Uma gorda largada com calças que dançam no bumbum e chinelos com sujeirinha entre os dedos?" E depois continuava: "Pare de censurar o seu marido e aceite-o como ele é. Esta noite, quando ele chegar, concentre-se no corpo dele. Observe-o e olhe-o através dos olhos de outras mulheres (sua secretária ou sua vizinha). Diga-lhe que passou o dia todo pensando no corpo dele". Nós, casadas, líamos todas essas sugestões tentando salvar os nossos casamentos. Mas é possível passar o dia todo desejando sexualmente um homem cuja idéia de algo excitante é que lhe sirvam uma sopa quente? Não. É por isso que as estatísticas indicavam que 50% dos casamentos terminavam em divórcio. Desse número, 60% voltavam a casar durante os cinco anos seguintes. Mais da metade desses, casava pela terceira ou quarta vez; a dieta de emagrecimento mais famosa durante os anos 80 era "Divórcio e 500 calorias diárias". Todo mundo era magro.

Agora, seguindo com a minha linha apocalíptica de pensamento, se continuarmos assim, em 2015 dez milhões de mulheres irão compartilhar o mesmo homem, os mesmos filhos, alguns amigos, algum cheque mensal e estresse recíproco.

Várias amigas minhas se separaram depois de muitos anos de casadas. Quando perguntei a uma delas: "Que conselho você daria à nova esposa do teu ex-marido?" Me respondeu: "Só duas palavras: NÃO ENVELHEÇA". Outra me disse: "Daria um salário mensal para ela, por ter me livrado de um adolescente de 52 anos".

Estão aí as razões de tanto divórcio. Eles chegam numa idade em que consideram: "Tenho 50 anos, mereço uma de 20". Quase nunca somos nós que o deixamos. Outro dia a minha irmã me perguntou: "Você nunca pensou em ir embora?" "Para onde?", foi a minha resposta. Seja como for, a nova família é a família equação: um irmão inteiro e duas meias irmãs, dividido por duas mães (uma postiça), é igual a um pai inteiro, mais um pai de fim de semana, dividido por sete avôs (tirar dois que já morreram). Ninguém ficaria surpreso hoje ouvindo um garotinho dizer para outro: "Esse pai é muito bom, eu já tive ele". Agora entendo por que fugi tão tenazmente desse modelo: sempre fui ruim em matemática.

Mas sempre me destaquei em detectar as segundas esposas. É impossível confundir-se. Elas têm a metade da idade dele, geralmente uma cabeça mais altas, andam com o nariz empinado e conhecem todos os seus direitos. Toda vez que uma segunda esposa aparece numa reunião, nós, veteranas, corremos a retocar os lábios e fazemos fila. Em alguns momentos eu invejo "as esposas-troféu", porque há alguma coisa entre elas e o marido, um olhar que diz: "Vamos para casa", enquanto os olhos brilham e as bocas enchem de saliva. Há um tempo senti isso também (não esqueçam que eu fui a segunda, e com doze anos de diferença). Enfim, é nessas reuniões que a gente olha para o marido, um pouco largo de cintura, um pouco careca em cima e um pouco aborrecido embaixo e pensa: "Em algum lugar, nesta noite, a sua nova esposa está nascendo". Mas o que mais fere os meus sentimentos, é a teoria televisiva que acaba com a ilusão matrimonial: "Quando os casais casam, o Ibope desce". A mensagem é clara: não existe vida após o leito matrimonial. O que estão tentando nos dizer é que não há união que resista 20 anos, a menos que não nos interesse o sexo. Como dizem os meus filhos: "O sexo legal não interessa a ninguém".

E tem também esse assunto da comunicação. Aparentemente as pessoas casadas só falam entre si 30 minutos por semana. Minha amiga, aquela que sempre esfrega os seus sucessos na minha cara, me disse: "Não passa um dia sem que meu marido e eu nos digamos algo significativo um para o outro. Se vocês não têm algo significativo para dizer, teu casamento está acabado". Ontem, no carro, quando voltávamos, quebrei um silêncio de 15 minutos e perguntei ao homem da minha vida: "Me diz, tivemos alguma vez uma conversa significativa?" "Acho que não", respondeu. Viajamos outros quatro quilômetros em silêncio. "O que é uma conversa significativa?", perguntei. "Não sei". "Então como você sabe que não tivemos uma?" "Tudo bem, deve ser uma conversa que significa algo. Como as eleições, por exemplo." "As eleições já passaram." "Bem, não tem que ser sobre as eleições, pode ser uma conversa sobre qualquer coisa pertinente." "Hoje me cortei depilando as pernas." "Isso não é pertinente." "Foi com a tua maquininha." Aí sim, senhores, começamos a ter uma conversa pertinente. Durou o resto da viagem. Aos berros.

"Qual é o melhor método para que um marido lembre o aniversário de casamento? Casar no dia do seu aniversário."

CINDY GARNER

E viveram felizes e comeram perdizes

Quando este livro chegar às ruas, terei feito 27 anos de casada. Pergunto-me se será igual ao meu penúltimo aniversário. Nesse dia, nós, mulheres, sempre esperamos alguma surpresa. No meu caso, a surpresa maior poderia ser meu marido lembrar do aniversário. Naquela manhã de nossas bodas de prata, lhe disse, enquanto estava se ajeitando na frente do espelho: "Um dia importante hoje, não é?". "O que você acha! Rápido, passe a minha gravata de seda azul e engraxe aqueles sapatos com fivela!" Galopei escadas abaixo, fiz tudo o que ele ordenou e voltei a subir ao banheiro com a língua de fora. Ele ainda estava lá. Era o momento de tomar banho de perfume. Isso leva uns dez minutos. Depois fica três horas se olhando em todos os espelhos do banheiro e por último, se despede de si mesmo: "Tchau, papai, hoje você arrebenta!" Saiu voando e lhe perguntei: "Você não vai tomar café? Eu fiz tudo o que você gosta". (Torradas de pão francês com manteiga e um vaso de flores na mesa). "Não tenho tempo, tchau." E me deixou ali, com o focinho esticado em direção à porta esperando um beijo. Quando abri os olhos, o carro já estava na esquina. Vinte e cinco anos! Melhor não lembrar, porque tenho as imagens daquele aniversário vivamente gravadas. Parecíamos dois velhos ridículos, sentados sozinhos, jogando baralho no quintal, com dois chapeuzinhos de aniversário na cabeça... Atrás, uma churrasqueira fumegante criava um ambiente especial: parecia a queima do cinturão ecológico.

A verdade é que não foi como eu teria imaginado a festa das minhas bodas de prata. Toda vez que fantasiava isso, imaginava 200 pessoas dançando no meu jardim embaixo de um toldo branco gigantesco, com 20 garçons servindo um banquete. Meu marido e eu trocando anéis de diamantes e essas coisas, e ele me dando na boca morangos com champanha, enquanto os nossos filhos – emocionados – nos jogavam serpentinas. A realidade foi um pouco diferente. Meus filhos decidiram comemorar. Portanto, prepararam um churrasco – duas lingüiças –, e para isso queimaram um bosque inteiro de carvão, e sumiram, deixando tudo para a gente limpar. Sobre a mesa, a pilhagem: nossos presentes de aniversário. Para ele, um assento de bolinhas, daqueles que se usam no carro para dor de costas, e para mim um chuveirinho que se conecta ao vaso, com cinco posições que iam desde "carícia suave", até "te jogo contra o teto". Vinte e cinco anos! Numa outra época, um casal assim merecia uma ovação de todos os presentes. Agora não. As crianças te olham como se você fosse um animal pré-histórico com um cérebro incapaz de suportar o corpo. Nossos amigos, todos eles com dois ou três casamentos nas costas, sacudiam a cabeça com um pouco de piedade e murmuravam uns aos outros: "Ela deveria deixá-lo de imediato, mas já está quase acabada; se não emagrecer pelo menos dez quilos, como é que vai pescar alguma coisa...".

Pensar que todos os domingos, quando leio o jornal, procuro com esforço os anúncios de aniversário de gente que sobreviveu 50 ou 60 anos de casamento. De alguma forma, essa gente representa o meu futuro: sentados um ao lado do outro sem se tocar, com os olhos vidrados na TV durante horas. Mentalmente, relembrei a lista das coisas que ia mudar nele quando nos casamos. A única coisa que mudou de fato foi o corte de cabelo. Porque agora já nem tem cabelo para se preocupar. Naquela noite, enquanto descolava a última lingüiça queimada da churrasqueira, perguntou: "Você quer isso? Se não, jogo fora". Acionando o meu gene recolhedor de lixo, abri a boca e o engoli.

"Foi lindo, não é?", murmurou O.B. Olhei para ele e pensei em tudo o que tínhamos passado juntos: dois filhos, uma falência, um exílio, 12 carros, 23 funerais, uma cirurgia de próstata, 14 férias em barracas, 6 bancos e 8 cartões de crédito, 2 mudanças. Passei 1.860 camisas, recolhi 48.200 cuecas do chão. Ele me fez algumas massagens quando eu estava grávida e não podia me movimentar, trabalhou muito para sustentar esta família e recolocou 18.730 vezes o banco do seu carro na posição normal depois de eu tê-lo usado.

Compartilhamos a pasta de dentes, as dívidas, os guarda-roupas, os parentes. E demos aos nossos filhos uma família. Essa noite, lembro que ele se aproximou e me disse: "Tenho uma coisa para você". "Sim? O quê?", pulei excitada. "Uma coisa que você adora e eu escondi por causa das crianças." (Não sei por que pensei que seria algo de ordem sexual). Era um cacho de bananas-ouro, do quintal dos meus sogros.

    Talvez seja isso o amor. Se o visse chegar muito festivo, iria suspeitar. Suspeitaria de que, como diz o meu pai, as pessoas que comemoram mais de vinte anos de casados, na realidade o que estão comemorando é isso. Que falta cada vez menos.

"Às mulheres não é perdoado que envelheçam. As linhas de distinção do Robert Redford são as minhas rugas da velhice."

JANE FONDA

Epílogo

Como eu disse no início, muitas noites, insone, me perguntei o que foi que fez com que eu ficasse tantos anos com o mesmo homem. Eu me respondia que o fazia porque, junto dele, não tenho que fingir que sou outra coisa do que realmente sou. Se tenho saudades da época da sedução? Claro! Mas a sedução é um trabalho cansativo a partir de uma certa idade. Conquistar e ser conquistada de novo, praticar novamente a arte do disfarce (tão feminina), é um esforço que agora me cansa. Talvez por isso aprecie tanto neste homem a virtude de ficar ao meu lado com o carinho que algumas pessoas têm pelo carro velho, já defeituoso. Sou um carro que continua sendo querido pelo seu dono, apesar de perder óleo e não correr como antigamente, porque lembra que alguma vez foi novo e belo e, orgulhosos, compartilharam muitas aventuras e percorreram inúmeros caminhos. Sim, eu perco óleo, mas pago os impostos e sou um clássico. E essa é a razão pela qual o meu marido me conservou. Até agora.

Acho que não seria justo, queridos leitores, omitir um detalhe de última hora: ao finalizar este livro, o protagonista fundamental já não estava na minha vida. Uma doença fatal o tirou da minha vida: a "síndrome da Ninfeta". Ele decidiu comemorar os nossos 27 anos de casados correndo atrás de uma garota de 27 anos de idade! É a loucura das noites de lua!

Não sei como acabará este folhetim e já não tem importância. Mas terei que procurar outro tema para escrever. Provavelmente eu descubra que saí ganhando, porque ele tem sessenta anos e eu doze a menos, e não é que eu resista a ser avó oportunamente, mas já não me sinto tão seduzida pela idéia de ir para a cama com um avô. Soube que o sujeito de quem lhes falei no capítulo intitulado precisamente "A Síndrome da Ninfeta", depois de ter saboreado o empurrão inicial e a elevação da auto-estima que provocam as atenções de uma nova, fresca e jovem mulher, teve a sorte de muitos antes dele, que passam a se transformar nos "novos pobres". Numa idade em que deveriam curtir todos os prazeres pelos quais lutaram na vida, têm que passar alimentos às suas esposas, atender bebês não calculados no plano. Transformados em pais de cabelos brancos, não podendo gozar do tempo e da liberdade que o dinheiro duramente ganhado junto a sua primeira companheira lhes brinda neste momento da vida. Os filhos anteriores se afastam ofendidos, porque lhes resulta intolerável assimilar essa nova realidade: papai se uniu a uma garota da idade deles, concorre abertamente com eles e quando afirma "Me ama pelo que eu sou", temos que ficar calados e engolir o que pensamos: "Sim, rico".

A vida compõe-se de momentos. E se estes homens, que não conseguiram "funcionar" durante anos, podem consegui-lo por alguns meses com uma jovem, muito bem. A ilusão é também uma parte importante da vida. A "troca de montaria", como dizem no campo, demonstrou conseguir transformar em hábil o cavaleiro menos dotado... Mas isso corre em dobro para nós, mulheres. Vocês, que são inteligentes, sabem que aos quarenta, uma mulher funciona mil vezes melhor com um amante de trinta. É a combinação ideal. E acontece quando somos livres, como eu, sem ir mais longe, que já não tenho ninguém para dar explicações. Mas, por alguma razão, nós, mulheres, não costumamos abandonar uma família por um amante muito mais novo. Talvez porque intuímos que o pior do amor entre uma pessoa mais velha e uma muito jovem é a perda terrível da dignidade que entranha. O ter que andar explicando-se a si mesmo, mudar grotescamente para se adaptar a uma cronologia que não corresponde, apresentações embaraçosas e diferenças de experiência. Não o desejaria para mim. Talvez porque tenho me psicoanalisado muito e compreendo que certos desejos são completamente diferentes daquilo que fantasiamos, quando se concretizam.

E desejo sinceramente que não seja esse o destino do coitado do pai dos meus filhos, a quem dedico estas palavras de Gurdjieff: "Se você tivesse compreendido tudo o que leu na sua vida, você saberia o que procura". Eu o digo com ternura.

Freud afirmava que semelhante objeto de eleição infantil constitui um dos mais profundos transtornos do desenvolvimento psicossexual. Não sei. Não sou ninguém para dar cátedra sobre isso.

Só compreendo que meu ex e eu chegamos ao ponto onde – estatisticamente – muitos casamentos longevos acabam. E começam os que verdadeiramente estão destinados a chegar juntos ao final.

Os casais que conseguem sobreviver ao maremoto da "velhice" fazem com que o amor seja muito mais profundo e verdadeiro que o namoro que os levou ao casamento. É a proteção e a calidez do familiar. O fato de saber que o outro nos conhece melhor do que ninguém, o esforço para manter vivo aquilo que foi importante durante toda a nossa vida. Assim, o que começou com uma grande parcela de auto-sacrifício (apesar de que as passagens terríveis de um casamento possam ser contadas com humor, como neste livro), torna-se finalmente um enriquecimento cotidiano.

Pode ser que o casamento nos limite em muitos sentidos, mas apresenta um desafio fabuloso: ser um indivíduo e parte de uma entidade maior ao mesmo tempo. Com a possibilidade de se transformar num ser mais rico e complexo, expandindo as fronteiras da gente, além dos limites do próprio eu. Acreditei nisso durante quase toda a minha vida.

E não podem dizer que não tentei até o final. Tentei como um mineiro obstinado, procurando ouro. Talvez eu estivesse louca.

Talvez, como disse Groucho Marx: "O casamento é uma instituição maravilhosa; mas quem quer viver a vida toda numa instituição?".

Eu não mais. Eu já cumpri com a Pátria.

Viviana Gómez Thorpe
lathorpe21@ciudad.com.ar

TIPOLOGIA	ITC Officina e Minion
PAPEL	Pólen soft 80g/m²
IMPRESSÃO	Ferrari Editora e Artes Gráficas
TIRAGEM	2.000 exemplares

Esta obra foi impressa em abril de 2009